NIEZBĘDNA KSIĄŻKA KUCHENNA CANDIQUIK

Odkryj możliwości powlekania cukierków za pomocą 100 nieodpartych słodyczy

ROLF WHEATLY

Prawa autorskie ©2024

Wszelkie prawa zastrzeżone

Żadna część tej książki nie może być wykorzystywana ani rozpowszechniana w jakiejkolwiek formie i w jakikolwiek sposób bez odpowiedniej pisemnej zgody wydawcy i właściciela praw autorskich, z wyjątkiem krótkich cytatów użytych w recenzji. Niniejsza książka nie powinna być traktowana jako substytut porady lekarskiej, prawnej lub innej porady zawodowej.

SPIS TREŚCI

SPIS TREŚCI 3
WSTĘP 6
BROWNIE I BATONY 7
   1. Ciasteczka z żółwiami CandiQuik 8
   2. Batony czekoladowo-kokosowo-migdałowe z granolą 10
   3. CandiQuik Masło Orzechowe i Galaretki Batony 13
   4. Batony CandiQuik Cranberry Orange Bliss 16
   5. Ciasteczka buraczane CandiQuik 19
   6. Foremka do ciastek CandiQuik Krówka 22
   7. Batony CandiQuik Rocky Road 24
   8. Miętowe ciasteczka czekoladowe CandiQuik 26
CIASTECZKA I MAKARONIKI 28
   9. Ciasteczka bałwanki CandiQuik 29
   10. Kruche ciasteczka kawowe CandiQuik 31
   11. Ciasteczka piłkarskie CandiQuik 34
   12. Kruche ciasteczka czekoladowo-wiśniowe CandiQuik 37
   13. Ciasteczka CandiQuik Yard Line 39
   14. Ciasteczka noworoczne 42
   15. Ciasteczka kakaowo-miętowe z kremem 44
   16. Ciasteczka Lorax z okazji Dnia Ziemi CandiQuik 46
   17. Ciasteczka walentynkowe-niespodzianki 49
   18. Ciasteczka kukurydziane CandiQuik 51
   19. Ciasteczka z masłem orzechowym i kwiatami serca 53
   20. Ciasteczka truskawkowe w czekoladzie 55
   21. Żabie ciasteczka CandiQuik 58
   22. Makaroniki CandiQuik Piña Colada 60
   23. Ozdoby CandiQuik Oreo 63
TRUFLE 65
   24. Trufle CandiQuik Kahlua 66
   25. Trufle CandiQuik z miodem i tymiankiem 68
   26. Trufle z czarnej fasoli CandiQuik 71
   27. Trufle Bourbon CandiQuik 73
   28. Trufle czekoladowo-bekonowe 75
   29. Meksykańskie trufle przyprawowe Cinco de Mayo 78
   30. Trufle CandiQuik Pecan Pie 81
   31. Łyżki czekoladowe z masłem orzechowym i truflami 84
   32. Trufle Czekoladowe Stout Cake 86
   33. Trufle z szampanem 88
CIASTO 91
   34. Ukąszenia ciasta z kremem pomarańczowym CandiQuik 92
   35. CandiQuik Cannoli Bites 95

36. Bomby z ciasta wiśniowego CandiQuik 97
37. Kulki z ciasta Margarita 100
38. Kulki CandiQuik z gałką oczną 103
39. Ukąszenia ciasta dyniowego CandiQuik 105
40. Wafle czekoladowe CandiQuik BaNilla 108
41. CandiQuik Przekąski z winem i ciastem czekoladowym 110
42. Ukąszenia złotego tęczowego ciasta w garnku 113
43. Ukąszenia ciasta żołędziowego CandiQuik 115
44. Ukąszenia ciasta dyniowego CandiQuik 117
45. Ukąszenia ciasta z sercem 120
46. Kawałki ciasta z ciecierzycy 122
47. CandiQuik Kulki z ciasta bałwanowego 124
48. Jajka CandiQuik Cadbury 126

OWOCE OSŁONONE 129
49. CandiQuik Jagody z maczaną wanilią 130
50. CandiQuik Truskawki w czekoladzie 132
51. Czerwone, białe i niebieskie truskawki 134
52. Zakryte kawałki bananów 136
53. CandiQuik Plasterki Jabłka w Obsypce 138
54. Truskawki Cinco de Mayo 140
55. Truskawkowe czapki Mikołaja 142

CIASTA, PĄCZKI I CIASTA 144
56. CandiQuik Sernik Cytrynowo-Jagodowy 145
57. Sernik Dyniowy CandiQuik 148
58. Wykaszarki do babeczek CandiQuik w kształcie płetwy rekina 150
59. Pączki CandiQuik Cytrynowo-Migdałowe 153
60. Ciasto lodowe CandiQuik 156
61. Pączki z czekoladą i prażonym kokosem 159

POPY 161
62. Płatki bananowe na patyku 162
63. CandiQuik Truffula Tree Cake Pops 164
64. CandiQuik Indyczy Ryż Krispie Pops 167
65. CandiQuik S'more Pops 170
66. Poppersy do winogron CandiQuik 172
67. CandiQuik Magic Rainbow Krispie Pops 174
68. Lizaki z kawałkami czekolady CandiQuik 177
69. CandiQuik Ciasteczka z indykiem 179
70. CandiQuik Miętowe ciasteczka z ciasteczkami 181
71. Ciasteczka mumii CandiQuik 183
72. Lizaki w kształcie serca 185
73. Ciasto kruche z truskawkami 187
74. CandiQuik Key Lime Cake Pops 190

PRECLE 192

75. Precle Kaktusowe CandiQuik 193
76. Precle CandiQuik Ghost 195
77. Precle Motylek CandiQuik 197
78. Precle CandiQuik Shamrock 199
79. Noworoczne Pręty CandiQuik 201
80. Precle Króliczek CandiQuik 203
81. CandiQuik Karmelowe kawałki precla 205

KORA I KLASTERY 207
82. CandiQuik Kora mięty pieprzowej 208
83. Kora kowboja CandiQuik 210
84. Kora Ciasteczka Miętowego 212
85. Klastry cynamonowo-żurawinowe 214
86. Kora migdałów czekoladowych 216
87. Kora czekolady owocowo-orzechowej 218
88. Solone Żółwie Karmelowe i Pekanowe 220

MIESZANE PRZEKĄSKI 222
89. Churro Chow 223
90. Mieszanka przekąsek CandiQuik Bunny Bait 225
91. Mieszanka przekąsek CandiQuik Heart Munch 227
92. Klastry CandiQuik Trail Mix 229
93. CandiQuik Pomarańczowa kremowa karma dla szczeniąt 231
94. Mieszanka przekąsek CandiQuik S'mores 234
95. Mieszanka imprezowa CandiQuik z białą czekoladą 236

PRZYKŁADY ŚWIĄTECZNE I UROCZYSTOŚCIOWE 238
96. Halloweenowe wykaszarki do babeczek CandiQuik 239
97. Czapki dyplomowe CandiQuik 241
98. Kubki na posypkę patriotyczną CandiQuik 243
99. Wielkanocne gniazda makaroników kokosowych 245
100. CandiQuik Choinkowe Przysmaki Ryżowe Krispie 247

WNIOSEK 249

WSTĘP

Witamy w „Niezbędnej książce kucharskiej CandiQuik", przewodniku odkrywającym nieskończone możliwości polewania cukierków za pomocą 100 zniewalających słodyczy. Niezależnie od tego, czy jesteś doświadczonym cukiernikiem, czy początkującym piekarzem, ta książka kucharska to Twoja przepustka do świata słodkich przysmaków i kulinarnej kreatywności. Od klasycznych smakołyków po innowacyjne kreacje, CandiQuik otwiera drzwi do krainy pysznych możliwości.

W tej książce kucharskiej odkryjesz różnorodne przepisy ukazujące wszechstronność i magię CandiQuik. Opracowane przez ekspertów kulinarnych przepisy te mają inspirować i zachwycać, niezależnie od tego, czy masz ochotę na coś bogatego i rozkosznego, czy też lekkiego i orzeźwiającego. Od dekadenckich trufli czekoladowych po fantazyjne ciasto na patyku – znajdziesz słodycze na każdy gust i każdą okazję.

To, co wyróżnia CandiQuik, to łatwość użycia i wszechstronność. Wykonane z wysokiej jakości składników i dostępne w różnych smakach, CandiQuik stanowi idealne tło dla Twoich kulinarnych kreacji. Niezależnie od tego, czy maczasz, skropisz czy formujesz, CandiQuik gładko się topi i szybko wiąże, zapewniając za każdym razem profesjonalną jakość rezultatów. Dzięki CandiQuik będziesz mieć pewność, że uwolnisz swojego wewnętrznego cukiernika i urzeczywistnisz swoje najsłodsze marzenia.

W tej książce kucharskiej znajdziesz jasne i zwięzłe instrukcje, pomocne wskazówki i wspaniałe zdjęcia, które poprowadzą Cię przez Twoją przygodę ze słodyczami. Niezależnie od tego, czy przygotowujesz smakołyki na specjalną okazję, podarujesz je bliskim, czy po prostu masz ochotę na coś słodkiego, te przepisy z pewnością zrobią wrażenie. Zatem chwyć fartuch, naostrz szpatułkę i zanurzmy się w pysznym świecie słodyczy CandiQuik.

BROWNIE I BARY

1. CandiQuik Brownies z żółwiami

SKŁADNIKI:
- 1 opakowanie polewy czekoladowej CandiQuik
- 1 szklanka posiekanych orzechów pekan
- 1 szklanka sosu karmelowego
- 1 opakowanie mieszanki brownie (i wymagane składniki)

INSTRUKCJE:
a) Przygotuj mieszankę na brownie zgodnie z instrukcją na opakowaniu.
b) Wmieszaj posiekane orzechy pekan do ciasta brownie.
c) Połowę ciasta brownie wylej do natłuszczonej formy do pieczenia.
d) Ciasto skrop połową sosu karmelowego.
e) Na wierzch dodaj resztę ciasta brownie, a następnie resztę sosu karmelowego.
f) Piec zgodnie z instrukcją mieszanki brownie.
g) Po upieczeniu rozpuść polewę czekoladową CandiQuik i posmaruj nią ostudzone ciasteczka.
h) Przed pocięciem na tabliczki poczekaj, aż czekolada stwardnieje.

2. Batoniki czekoladowo-kokosowo-migdałowe z granolą

SKŁADNIKI:
- 2 szklanki staromodnych płatków owsianych
- 1 szklanka wiórków kokosowych (słodzonych lub niesłodzonych)
- 1 szklanka posiekanych migdałów
- ½ szklanki miodu lub syropu klonowego
- ½ szklanki kremowego masła migdałowego
- ¼ szklanki oleju kokosowego
- 1 łyżeczka ekstraktu waniliowego
- ½ łyżeczki soli
- 1 szklanka CandiQuik (lakier cukierkowy o smaku waniliowym)

INSTRUKCJE:
a) Rozgrzej piekarnik do 175°C (350°F). Wyłóż blachę do pieczenia o wymiarach 9 x 13 cali papierem pergaminowym, pozostawiając trochę zwisu w celu łatwego usunięcia.
b) W dużej misce wymieszaj płatki owsiane, wiórki kokosowe i posiekane migdały.
c) W małym rondlu ustawionym na małym ogniu połącz miód lub syrop klonowy, masło migdałowe, olej kokosowy, ekstrakt waniliowy i sól. Mieszaj ciągle, aż mieszanina będzie dobrze połączona i gładka.
d) Wlać mokrą mieszaninę do suchych składników w misie miksującej. Mieszaj, aż wszystkie suche składniki zostaną równomiernie pokryte.
e) Przełóż masę do przygotowanej formy do pieczenia i mocno dociśnij, aby utworzyła równą warstwę.
f) Piec w nagrzanym piekarniku przez 15-20 minut lub do momentu, aż krawędzie będą złotobrązowe.
g) Pozwól batonom granoli całkowicie ostygnąć na patelni.
h) Po ostygnięciu rozpuść CandiQuik zgodnie z instrukcją na opakowaniu.
i) Skropić roztopionym CandiQuikiem schłodzone batony granoli.
j) Przed pocięciem batoników na kwadraty poczekaj, aż CandiQuik stwardnieje.
k) W razie potrzeby przechowuj batony w lodówce, aby uzyskać mocniejszą konsystencję.
l) Podawaj i ciesz się batonikami czekoladowo-kokosowo-migdałowymi!

3.CandiQuik Masło Orzechowe i Batony Galaretki

SKŁADNIKI:
- 1 szklanka niesolonego masła, zmiękczonego
- 1 szklanka granulowanego cukru
- 1 szklanka brązowego cukru, zapakowana
- 2 duże jajka
- 1 szklanka kremowego masła orzechowego
- 1 łyżeczka ekstraktu waniliowego
- 3 szklanki mąki uniwersalnej
- 1 łyżeczka proszku do pieczenia
- ½ łyżeczki soli
- 1 szklanka ulubionej konfitury owocowej lub galaretki (np. truskawkowej, malinowej, winogronowej)
- 1 opakowanie CandiQuik (lakier cukierkowy o smaku waniliowym)

INSTRUKCJE:
a) Rozgrzej piekarnik do 175°C (350°F). Nasmaruj formę do pieczenia o wymiarach 9 x 13 cali i wyłóż ją papierem pergaminowym, pozostawiając zwis ułatwiający usunięcie.
b) W dużej misce utrzyj miękkie masło, cukier granulowany i brązowy cukier, aż masa będzie jasna i puszysta.
c) Dodawaj jajka, jedno po drugim, dobrze ubijając po każdym dodaniu.
d) Wymieszaj masło orzechowe i ekstrakt waniliowy, aż dobrze się połączą.
e) W osobnej misce wymieszaj mąkę, proszek do pieczenia i sól.
f) Stopniowo dodawaj suche składniki do mieszanki masła orzechowego, mieszaj aż do połączenia.
g) Wciśnij dwie trzecie ciasta z masłem orzechowym na dno przygotowanej formy do pieczenia, aby utworzyć równą warstwę.
h) Na warstwie masła orzechowego równomiernie rozsmaruj konfiturę owocową lub galaretkę.
i) Pokruszyć pozostałe ciasto z masłem orzechowym na wierzch konfitur owocowych.
j) Piec w nagrzanym piekarniku przez 30-35 minut lub do momentu, aż krawędzie będą złotobrązowe.
k) Pozwól batonikom całkowicie ostygnąć na patelni.

l) Po ostygnięciu batoników rozpuść CandiQuik zgodnie z instrukcją na opakowaniu.
m) Posyp ostudzone batony roztopionym CandiQuikiem.
n) Przed pocięciem batoników na kwadraty poczekaj, aż CandiQuik stwardnieje.
o) Podawaj i ciesz się pysznymi batonami z masłem orzechowym i galaretką!

4. CandiQuik Batony Żurawinowo-Pomarańczowe Bliss

SKŁADNIKI:
DLA BARÓW:
- 1 szklanka niesolonego masła, zmiękczonego
- 1 szklanka granulowanego cukru
- 2 duże jajka
- 1 łyżeczka ekstraktu waniliowego
- 2 filiżanki mąki uniwersalnej
- ½ łyżeczki proszku do pieczenia
- ¼ łyżeczki soli
- 1 szklanka suszonej żurawiny
- Skórka z jednej pomarańczy

NA POLEWĘ:
- 1 opakowanie (16 uncji) CandiQuik Candy Coating
- Skórka z jednej pomarańczy
- Suszona żurawina do dekoracji (opcjonalnie)

INSTRUKCJE:
a) Rozgrzej piekarnik do 175°C (350°F). Nasmaruj naczynie do pieczenia o wymiarach 9 x 13 cali.
b) W dużej misce utrzyj miękkie masło i cukier na jasną i puszystą masę. Dodawaj jajka, jedno po drugim, dobrze ubijając po każdym dodaniu. Wymieszaj ekstrakt waniliowy.
c) W osobnej misce wymieszaj mąkę, proszek do pieczenia i sól.
d) Stopniowo dodawaj suche składniki do mokrych, miksuj tylko do połączenia.
e) Dodaj suszoną żurawinę i skórkę pomarańczową, aż równomiernie rozprowadzą się po cieście.
f) Ciasto równomiernie rozłóż na przygotowanym naczyniu do pieczenia.
g) Piec w nagrzanym piekarniku przez 25-30 minut lub do momentu, aż krawędzie będą złotobrązowe, a wykałaczka wbita w środek będzie czysta.
h) Pozostaw batoniki do całkowitego ostygnięcia w naczyniu do pieczenia.
i) Po ostygnięciu batonów rozpuść CandiQuik Candy Coating zgodnie z instrukcją na opakowaniu.

j) Na wystudzone batony wylewamy roztopiony CandiQuik, równomiernie rozprowadzając szpatułką.
k) W razie potrzeby posyp na wierzch dodatkową skórką pomarańczową i suszoną żurawiną dla dekoracji.
l) Przed pocięciem prętów na kwadraty poczekaj, aż powłoka CandiQuik całkowicie stwardnieje.
m) Podawaj i ciesz się pysznymi batonami CandiQuik Cranberry Orange Bliss!

5. CandiQuik Brownie z buraków

SKŁADNIKI:
- 1 szklanka ugotowanych i puree z buraków (około 3 buraków średniej wielkości)
- ½ szklanki niesolonego masła, roztopionego
- 1 szklanka granulowanego cukru
- 2 duże jajka
- 1 łyżeczka ekstraktu waniliowego
- ½ szklanki mąki uniwersalnej
- ⅓ szklanki kakao
- ¼ łyżeczki proszku do pieczenia
- ¼ łyżeczki soli
- 1 opakowanie CandiQuik (lakier cukierkowy o smaku waniliowym)

INSTRUKCJE:
a) Rozgrzej piekarnik do 175°C (350°F). Natłuszczamy i wykładamy blachę do pieczenia papierem pergaminowym.
b) Gotuj buraki, aż będą miękkie. Obierz je i zmiel w blenderze lub robocie kuchennym. Odmierz 1 szklankę puree z buraków.
c) W dużej misce wymieszaj roztopione masło i cukier. Mieszaj, aż dobrze się połączą.
d) Dodawaj jajka, jedno po drugim, dobrze ubijając po każdym dodaniu. Wymieszaj ekstrakt waniliowy.
e) W osobnej misce wymieszaj mąkę, kakao, proszek do pieczenia i sól.
f) Stopniowo dodawaj suche składniki do mokrych, miksuj tylko do połączenia.
g) Dodaj puree z buraków, aż równomiernie rozprowadzi się po cieście brownie.
h) Ciasto wlać do przygotowanej formy do pieczenia, równomiernie je rozprowadzając.
i) Piec w nagrzanym piekarniku przez 25-30 minut lub do momentu, aż po wbitej w środek wykałaczce wyjdzie wilgotny okruszek (nie mokre ciasto).
j) Pozwól brownie całkowicie ostygnąć na patelni.

DLA POWŁOKI CANDIQUIK:

k) Rozpuść CandiQuik zgodnie z instrukcją na opakowaniu. Zwykle polega to na podgrzewaniu go w kuchence mikrofalowej w 30-sekundowych odstępach, aż do całkowitego stopienia.
l) Gdy brownie całkowicie ostygną, pokrój je w kwadraty.
m) Zanurz wierzch każdego kwadratu brownie w roztopionym CandiQuik, zapewniając równą powłokę.
n) Połóż powlekane ciasteczka na blasze wyłożonej pergaminem, aby CandiQuik stwardniał.
o) Przed podaniem poczekaj, aż powłoka CandiQuik całkowicie stwardnieje.

6.Krówka do wykrawania ciasteczek CandiQuik

SKŁADNIKI:
- 1 opakowanie CandiQuik (lakier cukierkowy o smaku waniliowym)
- 1 puszka (14 uncji) słodzonego skondensowanego mleka
- 2 łyżeczki ekstraktu waniliowego
- Szczypta soli
- Różne foremki do ciastek o tematyce świątecznej
- Opcjonalne dodatki: posypka, pokruszone orzechy, kolorowy cukier

INSTRUKCJE:
a) Kwadratową lub prostokątną formę do pieczenia wyłóż papierem pergaminowym, zostawiając po bokach wystający otwór, aby ułatwić wyjmowanie.
b) W średniej wielkości rondlu rozpuść CandiQuik na małym ogniu, ciągle mieszając, aby uniknąć przypalenia.
c) Gdy CandiQuik całkowicie się rozpuści, dodaj słodzone mleko skondensowane, ekstrakt waniliowy i szczyptę soli. Mieszaj mieszaninę, aż będzie gładka i dobrze połączona.
d) Zdejmij rondelek z ognia i poczekaj, aż mieszanina lekko ostygnie, ale upewnij się, że pozostaje płynna.
e) Do przygotowanej formy do pieczenia wlać masę krówkową i równomiernie ją rozprowadzić.
f) Pozostaw krówkę do ostygnięcia na kilka minut, a następnie za pomocą foremek do ciastek o tematyce świątecznej wytnij świąteczne kształty. Wciśnij foremkę do ciastek w krówkę i wyjmij kształty szpatułką.
g) W razie potrzeby dodaj dodatki, takie jak posypka, pokruszone orzechy lub kolorowe cukry, do kształtów krówek, gdy są jeszcze miękkie.
h) Pozostawić krówkę do całkowitego ostygnięcia i wstawić do lodówki na kilka godzin.
i) Gdy krówka będzie już całkowicie stwardniała, użyj wystającego kawałka papieru pergaminowego, aby wyjąć ją z naczynia do pieczenia.
j) Umieść kształty krówek na półmisku i ciesz się uroczą krówką CandiQuik Cookie Cutter!

7. Batoniki CandiQuik Rocky Road

SKŁADNIKI:
- 1 opakowanie polewy waniliowej CandiQuik
- 2 szklanki mini pianek marshmallow
- 1 szklanka posiekanych orzechów (włoskich lub migdałów)
- 1 szklanka pokruszonych krakersów graham
- 1 opakowanie mieszanki brownie (oraz wymagane składniki zgodnie z opakowaniem)

INSTRUKCJE:
a) Przygotuj mieszankę na brownie zgodnie z instrukcją na opakowaniu.
b) Do ciasta brownie dodaj mini pianki marshmallow, posiekane orzechy i pokruszone krakersy graham.
c) Ciasto wlać do natłuszczonej formy do pieczenia.
d) Piec zgodnie z instrukcją mieszanki brownie.
e) Po upieczeniu rozpuść waniliową polewę CandiQuik i rozprowadź ją na wystudzonych batonikach.
f) Przed pocięciem na batony poczekaj, aż polewa waniliowa stwardnieje.

8. CandiQuik Miętowe czekoladowe ciasteczka

SKŁADNIKI:
- 1 opakowanie polewy czekoladowej CandiQuik
- 1 łyżeczka ekstraktu z mięty pieprzowej
- Zielony barwnik spożywczy (opcjonalnie)
- 1 opakowanie mieszanki brownie (oraz wymagane składniki zgodnie z opakowaniem)

INSTRUKCJE:
a) Przygotuj mieszankę na brownie zgodnie z instrukcją na opakowaniu.
b) Dodaj ekstrakt z mięty pieprzowej i w razie potrzeby dodaj zielony barwnik spożywczy.
c) Ciasto wlać do natłuszczonej formy do pieczenia.
d) Piec zgodnie z instrukcją mieszanki brownie.
e) Po upieczeniu rozpuść polewę czekoladową CandiQuik i posmaruj nią ostudzone ciasteczka.
f) Przed pocięciem na tabliczki poczekaj, aż czekolada stwardnieje.

Ciasteczka i makaroniki

9. Ciasteczka bałwanki CandiQuik

SKŁADNIKI:
- Okrągłe ciasteczka z cukrem
- 1 opakowanie (16 uncji) CandiQuik Candy Coating
- Miniaturowe kawałki czekolady lub cukierkowe oczy
- Rozpuszczające się pomarańczowe cukierki (lub lukier pomarańczowy) dla marchewkowych nosów
- Lukier dekoracyjny na szaliki i guziki

INSTRUKCJE:
a) Zanurz wierzch każdego ciasteczka z cukrem w roztopionym CandiQuik, aby uzyskać śnieżną powłokę.
b) Umieść dwie miniaturowe kawałki czekolady lub cukierkowe oczy na roztopionej polewie na oczy.
c) Użyj małego kawałka pomarańczowego cukierka lub lukru, aby stworzyć marchewkowy nos.
d) Udekorować lukrem, aby zrobić szaliki i guziki.
e) Przed podaniem odczekaj, aż polewka stwardnieje.

10. Kruche ciasteczka kawowe CandiQuik

SKŁADNIKI:
DLA PLIKÓW COOKIES:
- 1 szklanka niesolonego masła, zmiękczonego
- ½ szklanki granulowanego cukru
- 2 filiżanki mąki uniwersalnej
- 2 łyżki granulatu kawy rozpuszczalnej lub espresso w proszku
- ¼ łyżeczki soli

DO LAZURY DO KAWY CANDIQUIK:
- 1 opakowanie CandiQuik (lakier cukierkowy o smaku waniliowym)
- 2 łyżki granulatu kawy rozpuszczalnej lub espresso w proszku
- 1-2 łyżki gorącej wody
- Opcjonalnie: Kawa drobno zmielona lub kakao do dekoracji

INSTRUKCJE:
NA Kruche Ciasteczka Kawowe:
a) Rozgrzej piekarnik do 175°C (350°F). Blachy do pieczenia wyłóż papierem pergaminowym.
b) W dużej misce utrzyj miękkie masło i granulowany cukier na jasną i puszystą masę.
c) W osobnej misce wymieszaj mąkę, granulat kawy rozpuszczalnej lub espresso w proszku i sól.
d) Stopniowo dodawaj suche składniki do mieszanki masła i cukru, mieszaj, aż ciasto się połączy.
e) Z ciasta uformuj wałek lub spłaszcz go w dysk, zawiń w folię i wstaw do lodówki na co najmniej 30 minut, aby ciasto stwardniało.
f) Po schłodzeniu pokrój ciasto w krążki lub wycinaj foremkami ciasteczka.
g) Ułóż ciasteczka na przygotowanych blachach do pieczenia i piecz przez 10-12 minut lub do momentu, aż krawędzie będą lekko złociste.
h) Pozostaw ciasteczka do całkowitego ostygnięcia na metalowej kratce.

DO LAZURY DO KAWY CANDIQUIK:
i) Rozpuść CandiQuik zgodnie z instrukcją na opakowaniu. Zwykle polega to na podgrzewaniu go w kuchence mikrofalowej w 30-sekundowych odstępach, aż do całkowitego stopienia.

j) Rozpuść granulat kawy rozpuszczalnej lub espresso w proszku w gorącej wodzie. Dodaj tę mieszaninę kawy do stopionego CandiQuik i mieszaj, aż dobrze się połączą.
k) Zanurzaj ostudzone ciasteczka w glazurze kawowej CandiQuik, pozwalając, aby nadmiar spłynął.
l) Ułóż glazurowane ciasteczka na blaszce wyłożonej pergaminem.
m) Opcjonalnie: Gdy lukier jest jeszcze wilgotny, posypujemy go drobno zmieloną kawą lub kakao w celu dekoracji.
n) Przed podaniem lub przechowywaniem odczekaj, aż glazura całkowicie zastygnie.

11. Ciasteczka piłkarskie CandiQuik

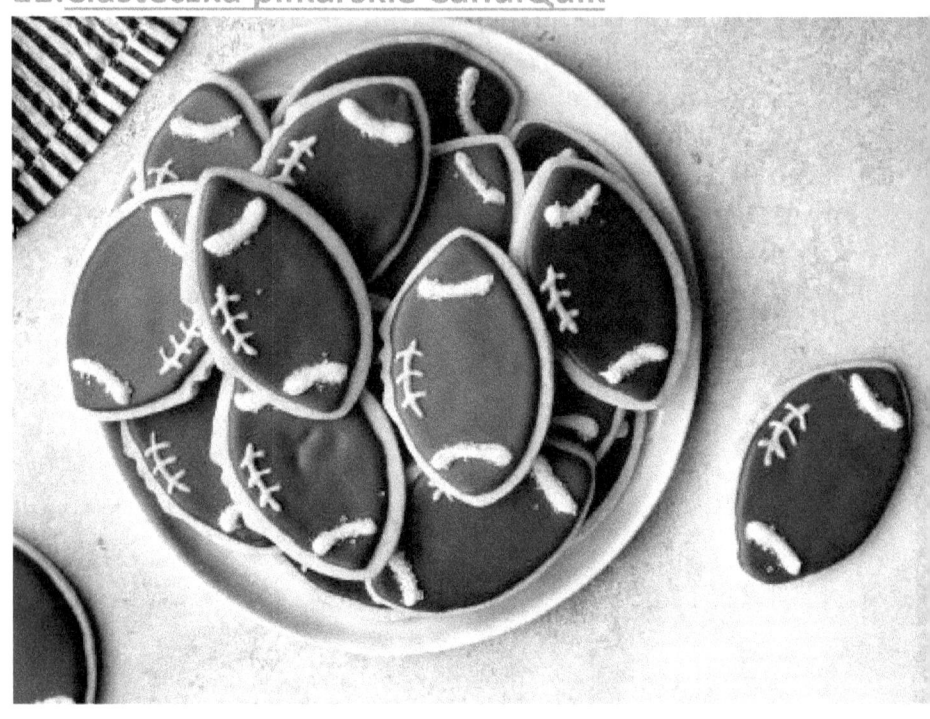

SKŁADNIKI:
DLA PLIKÓW COOKIES:
- 2 ½ szklanki mąki uniwersalnej
- 1 szklanka niesolonego masła, zmiękczonego
- 1 szklanka granulowanego cukru
- 1 duże jajko
- 1 łyżeczka ekstraktu waniliowego
- ½ łyżeczki ekstraktu migdałowego (opcjonalnie)
- ¼ łyżeczki soli

DLA DEKORACJI PIŁKARSKIEJ CANDIQUIK:
- 1 opakowanie CandiQuik (lakier cukierkowy o smaku waniliowym)
- Kawałki ciemnej czekolady lub polewa czekoladowa (do sznurówek piłkarskich)

INSTRUKCJE:
DLA PLIKÓW COOKIES:
a) W średniej misce wymieszaj mąkę i sól. Odłożyć na bok.
b) W dużej misce utrzyj miękkie masło z cukrem na jasną i puszystą masę.
c) Dodaj jajko, ekstrakt waniliowy i ekstrakt migdałowy (jeśli używasz) do mieszanki masła i cukru. Mieszaj, aż dobrze się połączą.
d) Stopniowo dodawaj suche składniki do mokrych, mieszaj, aż powstanie miękkie ciasto.
e) Ciasto podzielić na dwie części, z każdej uformować dysk, zawinąć w folię i wstawić do lodówki na co najmniej 1 godzinę.
f) Rozgrzej piekarnik do 175°C i wyłóż blachy do pieczenia papierem pergaminowym.
g) Schłodzone ciasto rozwałkować na posypanej mąką powierzchni na grubość około ¼ cala.
h) Za pomocą foremki do ciastek w kształcie piłki nożnej wytnij z ciasta kształty piłki nożnej.
i) Ułóż ciasteczka w kształcie piłek na przygotowanych blachach do pieczenia i piecz przez 10-12 minut lub do momentu, aż krawędzie będą lekko złociste.

j) Pozostaw ciasteczka na blasze do ostygnięcia na kilka minut, a następnie przenieś je na metalową kratkę, aby całkowicie ostygły.

DLA DEKORACJI PIŁKARSKIEJ CANDIQUIK:

k) Rozpuść CandiQuik zgodnie z instrukcją na opakowaniu. Zwykle polega to na podgrzewaniu go w kuchence mikrofalowej w 30-sekundowych odstępach, aż do całkowitego stopienia.

l) Zanurz każde ciasteczko w kształcie piłki nożnej w roztopionym CandiQuiku, zapewniając równą powłokę.

m) Powlekane ciasteczka ułóż na blaszce wyłożonej pergaminem.

n) Przed zastygnięciem polewy CandiQuik użyj kawałków gorzkiej czekolady lub polewy czekoladowej, aby na powierzchni każdego ciasteczka utworzyć piłkarskie koronki.

o) Przed podaniem poczekaj, aż powłoka CandiQuik całkowicie stwardnieje.

12. Kruche ciasteczka czekoladowo-wiśniowe CandiQuik

SKŁADNIKI:
- Kruche ciasteczka
- 1 opakowanie (16 uncji) CandiQuik Candy Coating
- Suszone wiśnie lub konfitury wiśniowe

INSTRUKCJE:
a) Rozpuść Candy Coating CandiQuik zgodnie z instrukcją na opakowaniu.
b) Zanurz każde kruche ciasteczko w roztopionym CandiQuiku, aby je pokryć.
c) Na wierzch połóż suszoną wiśnię lub posmaruj niewielką ilością konfitury wiśniowej.
d) Przed podaniem pozwól polewie stwardnieć.

13. CandiQuik Yard Line

SKŁADNIKI:
DLA PLIKÓW COOKIES:
- Twój ulubiony przepis na ciasteczka z cukrem lub kupione w sklepie ciasto na ciasteczka z cukrem

DO DEKORACJI KANDIQUIKÓW:
- 1 opakowanie CandiQuik (lakier cukierkowy o smaku waniliowym)
- Zielony barwnik spożywczy
- Biały lukier lub roztopione białe cukierki (do linii jardów)

INSTRUKCJE:
DLA PLIKÓW COOKIES:
a) Rozgrzej piekarnik zgodnie z przepisem na ciasteczka z cukrem lub instrukcjami na kupionym w sklepie cieście na ciasteczka.
b) Przygotuj ciasto na ciasteczka cukrowe zgodnie z przepisem lub instrukcją na opakowaniu.
c) Rozwałkuj ciasto na posypanej mąką powierzchni na grubość około ¼ cala.
d) Za pomocą okrągłej foremki do ciastek wycinaj z ciasta kółka. To będą Twoje ciasteczka „podwórkowe".
e) Ciasteczka ułożyć na blaszce wyłożonej pergaminem i piec zgodnie z przepisem lub instrukcją na opakowaniu. Pozwól ciastkom całkowicie ostygnąć.

DO DEKORACJI KANDIQUIKÓW:
f) CandiQuik połam na kawałki i umieść w żaroodpornej misce. Rozpuść CandiQuik zgodnie z instrukcją na opakowaniu. Zwykle polega to na podgrzewaniu go w kuchence mikrofalowej w 30-sekundowych odstępach, aż do całkowitego stopienia.
g) Dodaj zielony barwnik spożywczy do roztopionego CandiQuik i mieszaj, aż uzyskasz żywy zielony kolor. To będzie tło „boiska piłkarskiego".
h) Zanurzaj każde schłodzone ciastko w zielonym CandiQuik, zapewniając równomierną powłokę. Powlekane ciasteczka ułóż na blaszce wyłożonej pergaminem.
i) Gdy polewka CandiQuik jest jeszcze mokra, użyj białego lukru lub roztopionych białych cukierków, aby utworzyć linie jardów na każdym ciasteczku. Można do tego użyć rękawa cukierniczego lub małej torebki zapinanej na zamek błyskawiczny z odciętym rogiem.
j) Przed podaniem poczekaj, aż polewa i lukier CandiQuik całkowicie stwardnieją.

14. Ciasteczka zegarowe noworoczne

SKŁADNIKI:
- CandiQuik (polewa z białej czekolady)
- Czekoladowe ciasteczka kanapkowe
- Jadalny złoty lub srebrny spray
- Jadalne dekoracje zegarów

INSTRUKCJE:
a) Rozpuść białą czekoladę CandiQuik zgodnie z instrukcją na opakowaniu.
b) Oddziel czekoladowe ciasteczka kanapkowe i zanurz jedną stronę w roztopionym CandiQuik.
c) Połóż jadalne dekoracje zegarowe na powlekanej stronie ciasteczka.
d) Spryskaj krawędzie jadalnym złotym lub srebrnym sprayem, aby uzyskać świąteczny akcent.
e) Przed podaniem odczekaj, aż CandiQuik zastygnie.

15. Ciasteczka kakaowo-miętowe z kremem

SKŁADNIKI:
- CandiQuik (polewa z ciemnej czekolady)
- Ekstrakt z mięty pieprzowej
- Czekoladowe ciasteczka kanapkowe

INSTRUKCJE:
a) Rozpuść gorzką czekoladę CandiQuik zgodnie z instrukcją na opakowaniu.
b) Do roztopionego CandiQuik dodać kilka kropli ekstraktu z mięty pieprzowej i dobrze wymieszać.
c) Zanurz każde czekoladowe ciastko kanapkowe w miętowym CandiQuik, upewniając się, że jest całkowicie nim pokryte.
d) Połóż powlekane ciasteczka na papierze pergaminowym i poczekaj, aż ostygną.

16.Ciasteczka Lorax z okazji Dnia Ziemi CandiQuik

SKŁADNIKI:
DLA PLIKÓW COOKIES:
- Twój ulubiony przepis na ciasteczka z cukrem lub kupione w sklepie ciasto na ciasteczka z cukrem

DO DEKORACJI:
- 1 opakowanie CandiQuik (lakier cukierkowy o smaku waniliowym)
- Barwnik spożywczy pomarańczowy
- Jadalny czarny marker lub czarna lukier
- Jadalny zielony marker lub zielony lukier
- Różne kolorowe cukry lub posypka (opcjonalnie)

INSTRUKCJE:
DLA PLIKÓW COOKIES:
a) Rozgrzej piekarnik zgodnie z przepisem na ciasteczka z cukrem lub instrukcjami na kupionym w sklepie cieście na ciasteczka.
b) Przygotuj ciasto na ciasteczka cukrowe zgodnie z przepisem lub instrukcją na opakowaniu.
c) Rozwałkuj ciasto na posypanej mąką powierzchni na grubość około ¼ cala.
d) Za pomocą okrągłej foremki do ciastek wycinaj z ciasta kółka.
e) Ciasteczka ułożyć na blasze wyłożonej pergaminem i piec zgodnie z przepisem lub instrukcją na opakowaniu. Pozwól ciastkom całkowicie ostygnąć.

DO DEKORACJI:
f) CandiQuik połam na kawałki i umieść w żaroodpornej misce. Rozpuść CandiQuik zgodnie z instrukcją na opakowaniu. Zwykle polega to na podgrzewaniu go w kuchence mikrofalowej w 30-sekundowych odstępach, aż do całkowitego stopienia.
g) Dodaj pomarańczowy barwnik spożywczy do roztopionego CandiQuik i mieszaj, aż uzyskasz żywy pomarańczowy kolor.
h) Zanurzaj każde schłodzone ciasteczko w pomarańczowym CandiQuik, zapewniając równą powłokę. Powlekane ciasteczka ułóż na blasze wyłożonej pergaminem.
i) Pozwól, aby powłoka CandiQuik całkowicie stwardniała.

j) Po związaniu powłoki użyj jadalnego czarnego markera lub czarnego lukru, aby narysować oczy, wąsy i usta Loraxa na każdym ciasteczku.
k) Użyj jadalnego zielonego markera lub zielonego lukru, aby narysować charakterystyczny kępek włosów Loraxa na wierzchu ciasteczek.
l) Opcjonalnie można dodać kolorowe cukry lub posypkę dla dodatkowej dekoracji.
m) Przed podaniem poczekaj, aż dodatkowe dekoracje zastygną.

17. Walentynkowe ciasteczka-niespodzianki

SKŁADNIKI:
- Ciasto na ciasteczka cukrowe
- Barwnik spożywczy czerwony lub różowy
- Cukierkowe serca lub inne cukierki z motywem walentynkowym

INSTRUKCJE:
a) Rozgrzej piekarnik do temperatury podanej na opakowaniu ciasta.
b) Ciasto podzielić na pół i zabarwić jedną porcję czerwonym lub różowym barwnikiem spożywczym.
c) Weź niewielką ilość każdego kolorowego ciasta i ściśnij je razem wokół kawałka cukierka.
d) Zwiń ciasto w kulkę, upewniając się, że cukierek jest całkowicie zamknięty.
e) Ciasteczka ułożyć na blasze do pieczenia i piec zgodnie z instrukcją na opakowaniu.

18.CandiQuik Ciasteczka kukurydziane

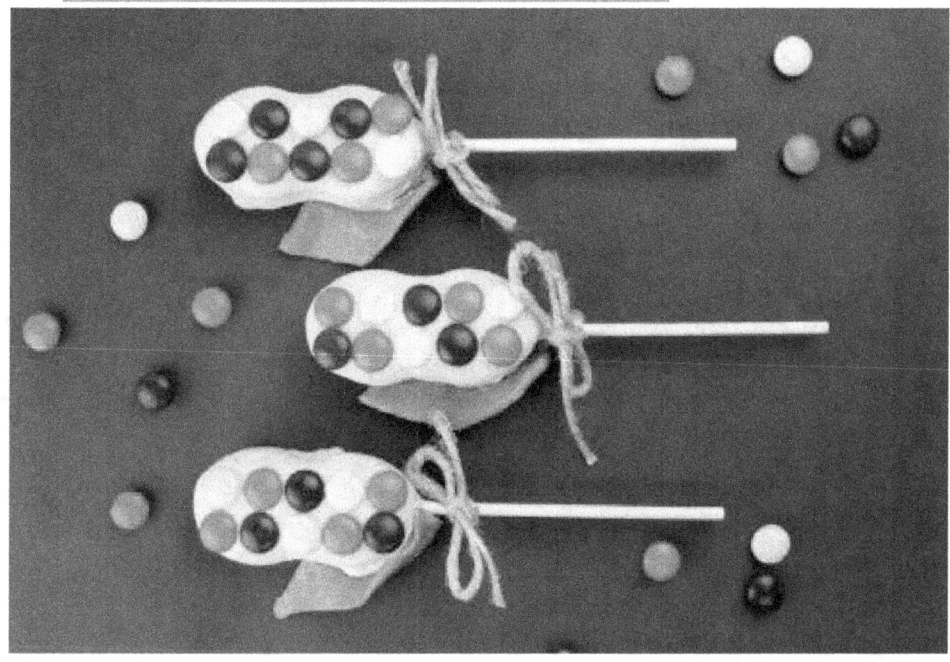

SKŁADNIKI:
- Ciasteczka cukrowe (okrągłe lub owalne)
- 1 opakowanie (16 uncji) CandiQuik Candy Coating
- Barwnik spożywczy w kolorze żółtym i pomarańczowym
- Miniaturowe chipsy czekoladowe

INSTRUKCJE:
a) Rozpuść Candy Coating CandiQuik zgodnie z instrukcją na opakowaniu.
b) Podzielić panierkę na dwie części i zabarwić jedną żółtym barwnikiem spożywczym, a drugą pomarańczowym.
c) Zanurzaj każde ciasteczko w żółtej panierce, pozostawiając małą część nie zanurzoną, aby wydobyć łuskę kukurydzy.
d) Pozwól, aby żółta powłoka zastygła.
e) Zanurz niezamoczoną część w pomarańczowej polewie, aby utworzyć łuskę kukurydzy.
f) Umieść miniaturowe kawałki czekolady na żółtej części ziaren kukurydzy.
g) Przed podaniem odczekaj, aż polewka stwardnieje.

19. Ciasteczka z masłem orzechowym i kwiatami serca

SKŁADNIKI:
- 1 szklanka masła orzechowego
- 1 szklanka cukru
- 1 jajko
- 1 łyżeczka ekstraktu waniliowego
- Czekoladki Hershey's Kisses, nieopakowane

INSTRUKCJE:
a) Rozgrzej piekarnik do 175°C i wyłóż blachę do pieczenia papierem pergaminowym.
b) W misce utrzyj masło orzechowe, cukier, jajko i ekstrakt waniliowy.
c) Z ciasta uformuj małe kulki i ułóż je na blasze do pieczenia.
d) Piec przez 10-12 minut lub do momentu, aż krawędzie staną się złotobrązowe.
e) Wyjmij z piekarnika i natychmiast wciśnij Hershey's Kiss w środek każdego ciasteczka.
f) Pozwól ciasteczkom ostygnąć na blasze do pieczenia, zanim przeniesiesz je na metalową kratkę.

20. Truskawkowe ciasteczka w czekoladzie

SKŁADNIKI:
DLA PLIKÓW COOKIES:
- 1 szklanka niesolonego masła, zmiękczonego
- 1 szklanka granulowanego cukru
- 2 duże jajka
- 1 łyżeczka ekstraktu waniliowego
- 3 szklanki mąki uniwersalnej
- ½ łyżeczki proszku do pieczenia
- ¼ łyżeczki soli
- ½ szklanki dżemu truskawkowego lub konfitury

DO POWŁOKI CZEKOLADOWEJ:
- 1 opakowanie CandiQuik (lakier cukierkowy o smaku waniliowym)
- Świeże truskawki, umyte i wysuszone

INSTRUKCJE:
DLA PLIKÓW COOKIES:
a) Rozgrzej piekarnik do 175°C (350°F). Blachy do pieczenia wyłóż papierem pergaminowym.
b) W dużej misce utrzyj miękkie masło i cukier na jasną i puszystą masę.
c) Dodawaj jajka, jedno po drugim, dobrze ubijając po każdym dodaniu. Wymieszaj ekstrakt waniliowy.
d) W osobnej misce wymieszaj mąkę, proszek do pieczenia i sól.
e) Stopniowo dodawaj suche składniki do mokrych, miksuj tylko do połączenia.
f) Na przygotowane blachy do pieczenia nakładaj zaokrąglone łyżki ciasta, zachowując odstępy między nimi.
g) Kciukiem lub grzbietem małej łyżeczki wykonaj wgłębienie na środku każdego ciasteczka.
h) Każde wgłębienie wypełnić niewielką ilością dżemu lub konfitury truskawkowej.
i) Piec w nagrzanym piekarniku przez 10-12 minut lub do momentu, aż brzegi ciasteczek będą lekko złociste.
j) Pozostaw ciasteczka na blasze do ostygnięcia na kilka minut, a następnie przenieś je na metalową kratkę, aby całkowicie ostygły.

DO POWŁOKI CZEKOLADOWEJ:

k) Rozpuść CandiQuik zgodnie z instrukcją na opakowaniu. Zwykle polega to na podgrzewaniu go w kuchence mikrofalowej w 30-sekundowych odstępach, aż do całkowitego stopienia.
l) Zanurz wierzch każdego schłodzonego ciasteczka z nadzieniem truskawkowym w roztopionym CandiQuik, pokrywając dżem truskawkowy.
m) Ułóż maczane ciasteczka na blaszce wyłożonej pergaminem, aby czekolada zastygła.
n) W razie potrzeby posyp dodatkowo roztopionym CandiQuik maczane ciasteczka, aby uzyskać efekt dekoracyjny.
o) Przed podaniem poczekaj, aż polewa czekoladowa całkowicie stwardnieje.
p) Udekoruj każde ciasteczko truskawkowe w czekoladzie, na wierzchu świeżą truskawką, aby dodać mu elegancji.

21.Żabie ciasteczka CandiQuik

SKŁADNIKI:
- Waflowe ciasteczka waniliowe
- Zielone cukierki topią się lub biała czekolada w kolorze zielonym
- Białe cukierki topią się lub biała biała czekolada
- Cukierkowe oczy
- Czerwone cukierki (do ust)
- Opcjonalnie: dodatkowe dekoracje cukierkowe do dekoracji
- Pergamin

INSTRUKCJE:
a) Wyłóż blachę lub blachę do pieczenia papierem pergaminowym.
b) Rozpuść zielone cukierki i rozpuść białe cukierki w oddzielnych miseczkach. Rozpuść każdy kolor zgodnie z instrukcją na opakowaniu. Zwykle polega to na podgrzewaniu ich w kuchence mikrofalowej w 30-sekundowych odstępach, aż do całkowitego stopienia.
c) Zanurz każde waniliowe ciasteczko waflowe w roztopionym zielonym cukierku, upewniając się, że jest całkowicie pokryte. Aby ułatwić powlekanie, użyj widelca lub narzędzia do zanurzania.
d) Pozwól, aby nadmiar zielonego cukierka spłynął, a następnie połóż powlekane ciasteczka na papierze pergaminowym.
e) Gdy zielona powłoka z cukierka jest jeszcze mokra, przymocuj cukierkowe oczy na górze każdego powlekanego ciasteczka. Możesz także użyć niewielkiej ilości roztopionej zielonej polewy z cukierka jako „kleju" do oczu.
f) Umieść czerwony cukierek pod oczami, aby utworzyć usta żaby.
g) Użyj wykałaczki lub małego naczynia, aby skropić stopioną białą polewą z cukierka na zieloną polewę, aby utworzyć żabie wzory lub oznaczenia.
h) Opcjonalnie: Udekoruj żaby dodatkowymi dekoracjami cukierkowymi, takimi jak kolorowe posypki lub małe cukierki.
i) Pozwól, aby powłoka cukierka całkowicie stwardniała.
j) Po ustawieniu Twoje Żabie Ciasteczka są gotowe do spożycia!

22.Makaroniki CandiQuik Piña Colada

SKŁADNIKI:
NA MAKARONIKI:
- 3 szklanki wiórków kokosowych (słodzonych)
- ½ szklanki CandiQuik (lakieru cukierkowego o smaku waniliowym), roztopionego
- ⅓ szklanki słodzonego skondensowanego mleka
- ¼ szklanki soku ananasowego
- 1 łyżeczka ekstraktu waniliowego
- ½ szklanki drobno posiekanego ananasa (z puszki lub świeżego)
- Szczypta soli

DLA POWŁOKI CANDIQUIK:
- 1 opakowanie CandiQuik (lakier cukierkowy o smaku waniliowym)
- 1 łyżka oleju kokosowego

INSTRUKCJE:
NA MAKARONIKI:
a) Rozgrzej piekarnik do 163°C (325°F). Blachę do pieczenia wyłóż papierem pergaminowym.
b) W dużej misce wymieszaj wiórki kokosowe, roztopiony CandiQuik, słodzone mleko skondensowane, sok ananasowy, ekstrakt waniliowy, drobno posiekany ananas i szczyptę soli. Mieszaj, aż dobrze się połączą.
c) Łyżką do ciastek lub rękami uformuj małe kopczyki z mieszanki i ułóż je na przygotowanej blasze do pieczenia.
d) Piec w nagrzanym piekarniku przez 15-18 minut lub do momentu, aż brzegi makaroników staną się złotobrązowe.
e) Pozostaw makaroniki na blasze do całkowitego ostygnięcia.

DLA POWŁOKI CANDIQUIK:
f) Rozpuść CandiQuik zgodnie z instrukcją na opakowaniu. Zwykle polega to na podgrzewaniu go w kuchence mikrofalowej w 30-sekundowych odstępach, aż do całkowitego stopienia.
g) Mieszaj, aż olej kokosowy dobrze się połączy.

MONTAŻ:
h) Zanurz spód każdego schłodzonego makaronika w polewie CandiQuik, pozwalając, aby nadmiar spłynął.
i) Obtoczone makaroniki układamy na blasze wyłożonej pergaminem.

j) Opcjonalnie posmaruj wierzch każdego makaronika dodatkową polewą CandiQuik w celu dekoracji.
k) Przed podaniem poczekaj, aż powłoka CandiQuik całkowicie stwardnieje.

23. CandiQuik Oreo

SKŁADNIKI:
- Oreo (zwykłe lub podwójnie nadziewane)
- 1 opakowanie CandiQuik (lakier cukierkowy o smaku waniliowym)
- Różne kolorowe lukier lub cukierki topi się do dekoracji
- Różne posypki lub jadalne dekoracje
- Wstążka lub sznurek (do zawieszenia)

INSTRUKCJE:
a) Blachę do pieczenia wyłóż papierem pergaminowym.
b) Oddziel ciasteczka Oreo, zachowując nienaruszoną stronę z kremowym nadzieniem.
c) CandiQuik połam na kawałki i umieść w żaroodpornej misce. Rozpuść CandiQuik zgodnie z instrukcją na opakowaniu. Zwykle polega to na podgrzewaniu go w kuchence mikrofalowej w 30-sekundowych odstępach, aż do całkowitego stopienia.
d) Za pomocą widelca lub wykałaczki zanurz każde ciasteczko Oreo w roztopionym CandiQuik, zapewniając równą powłokę. Pozwól, aby nadmiar powłoki spłynął.
e) Ułóż posypane ciasteczka Oreo na blaszce wyłożonej papierem do pieczenia.
f) Gdy powłoka CandiQuik jest jeszcze mokra, użyj kolorowego lukru lub topionych cukierków, aby stworzyć świąteczne wzory na każdym ciastku Oreo, takie jak wiry, paski lub świąteczne wzory.
g) Posyp mokrą polewę CandiQuik różnymi kolorowymi posypkami lub jadalnymi dekoracjami, aby uzyskać dodatkowy świąteczny nastrój.
h) Pozwól, aby powłoka i dekoracje CandiQuik stwardniały częściowo, ale nie całkowicie.
i) Za pomocą wykałaczki lub szpikulca utwórz mały otwór w górnej części każdego powlekanego Oreo, aby włożyć wstążkę lub sznurek.
j) Odczekaj, aż powłoka CandiQuik całkowicie stwardnieje i zwiąże.
k) Gdy ozdoby Oreo będą już gotowe, przeciągnij wstążkę lub sznurek przez otwór, zawiąż węzeł i utwórz pętelkę do zawieszenia.
l) Zawieś ozdoby Oreo na drzewie lub ułóż je w ozdobnej misce, aby stworzyć świąteczną ekspozycję.

TRUFLE

24. Trufle CandiQuik Kahlua

SKŁADNIKI:

- 1 opakowanie (16 uncji) CandiQuik Candy Coating
- ¼ szklanki gęstej śmietanki
- 2 łyżki niesolonego masła
- 3 łyżki likieru Kahlua
- Kakao w proszku lub cukier puder do posypania

INSTRUKCJE:

a) W średniej wielkości rondlu rozpuść CandiQuik Candy Coating na małym ogniu, ciągle mieszając.
b) Gdy się rozpuści, dodaj do rondla ciężką śmietanę i niesolone masło. Kontynuuj mieszanie, aż mieszanina będzie gładka i dobrze połączona.
c) Zdejmij rondelek z ognia i dodaj likier Kahlua, aż całkowicie się połączy.
d) Pozwól mieszaninie ostygnąć do temperatury pokojowej. Po ostygnięciu przykryj rondel i wstaw do lodówki na co najmniej 2 godziny lub do momentu, aż mieszanina będzie twarda.
e) Gdy mieszanina będzie już twarda, za pomocą łyżki lub małej miarki porcjuj porcje wielkości trufli. Każdą porcję uformuj w kulkę i ułóż na blaszce wyłożonej pergaminem.
f) Jeśli chcesz, obtocz trufle w kakao lub cukrze pudrze, aby je pokryć.
g) Wstaw trufle do lodówki na kolejne 30 minut, aby stwardniały.
h) Podawaj i ciesz się pysznymi truflami CandiQuik Kahlua!

25. CandiQuik Trufle z miodem i tymiankiem

SKŁADNIKI:
DO TRUFLI:
- 1 opakowanie CandiQuik (lakier cukierkowy o smaku waniliowym)
- ½ szklanki gęstej śmietanki
- 2 łyżki miodu
- 1 łyżka świeżych listków tymianku, drobno posiekanych
- Skórka z 1 cytryny

DO POWLEKANIA:
- ½ szklanki drobno posiekanych pistacji lub migdałów (do panierowania)
- Dodatkowe listki świeżego tymianku do dekoracji

INSTRUKCJE:

a) W małym rondlu podgrzej ciężką śmietankę na średnim ogniu, aż zacznie się gotować. Zdjąć z ognia.
b) CandiQuik połam na kawałki i umieść w żaroodpornej misce. Gorącą śmietaną zalej CandiQuik i odstaw na minutę, żeby zmiękła.
c) Mieszaj mieszaninę, aż CandiQuik całkowicie się rozpuści i będzie gładki.
d) Do roztopionej mieszanki CandiQuik dodaj miód, drobno posiekane liście tymianku i skórkę z cytryny. Dobrze wymieszaj, aby połączyć.
e) Poczekaj, aż mieszanina ostygnie do temperatury pokojowej, a następnie przechowuj ją w lodówce przez co najmniej 2 godziny lub do momentu, aż stanie się wystarczająco twarda, aby można było nią manipulować.
f) W płytkiej misce umieść drobno posiekane pistacje lub migdały do posypania.
g) Gdy masa truflowa ostygnie, łyżką lub tłuczkiem do melonów wydrąż małe porcje i uformuj je w kulki.
h) Każdą truflę obtocz w posiekanych pistacjach lub migdałach, tak aby warstwa była równomiernie pokryta.
i) Połóż panierowane trufle na blasze wyłożonej pergaminem.
j) Dla dekoracji udekoruj każdą truflę małym listkiem tymianku.
k) Włóż trufle do lodówki na około 30 minut, aby stwardniały.
l) Podawaj i ciesz się truflami z miodem tymiankowym jako rozkoszną przekąską o wyjątkowej kombinacji smaków!

26. Trufle z czarnej fasoli CandiQuik

SKŁADNIKI:
- 1 puszka (15 uncji) czarnej fasoli, odsączona i przepłukana
- ½ szklanki kakao w proszku
- ¼ szklanki miodu lub syropu klonowego
- 1 łyżeczka ekstraktu waniliowego
- Szczypta soli
- 1 opakowanie (16 uncji) CandiQuik Candy Coating

INSTRUKCJE:
a) W robocie kuchennym zmiksuj czarną fasolę, kakao w proszku, miód lub syrop klonowy, ekstrakt waniliowy i sól, aż powstanie gładka mieszanina.
b) Z powstałej masy uformuj kulki wielkości trufli i ułóż je na blaszce wyłożonej pergaminem.
c) Rozpuść Candy Coating CandiQuik zgodnie z instrukcją na opakowaniu.
d) Zanurz każdą truflę w roztopionym CandiQuiku, aby ją pokryć.
e) Przed podaniem pozwól polewie stwardnieć.

27.Trufle Bourbon CandiQuik

SKŁADNIKI:
- 1 opakowanie (16 uncji) CandiQuik Candy Coating
- ¼ szklanki gęstej śmietanki
- 2 łyżki niesolonego masła
- 3 łyżki bourbona
- Kakao w proszku, cukier puder lub posiekane orzechy do panierowania

INSTRUKCJE:
a) W średniej wielkości rondlu rozpuść CandiQuik Candy Coating na małym ogniu, ciągle mieszając.
b) Gdy się rozpuści, dodaj do rondla ciężką śmietanę i niesolone masło. Kontynuuj mieszanie, aż mieszanina będzie gładka i dobrze połączona.
c) Zdejmij rondelek z ognia i dodaj bourbon, aż całkowicie się rozpuści.
d) Pozwól mieszaninie ostygnąć do temperatury pokojowej. Po ostygnięciu przykryj rondel i wstaw do lodówki na co najmniej 2 godziny lub do momentu, aż mieszanina będzie twarda.
e) Gdy mieszanina będzie już twarda, za pomocą łyżki lub małej miarki porcjuj porcje wielkości trufli. Każdą porcję zwiń w kulkę.
f) Trufle obtocz w kakao, cukrze pudrze lub posiekanych orzechach, aby je obtoczyć.
g) Połóż panierowane trufle na blasze wyłożonej pergaminem.
h) Wstaw trufle do lodówki na kolejne 30 minut, aby stwardniały.
i) Podawaj i ciesz się pysznymi truflami CandiQuik Bourbon!

28.Trufle Czekoladowe z Bekonem

SKŁADNIKI:
DO TRUFLI:
- 1 szklanka ugotowanego i pokruszonego boczku
- 1 ½ szklanki CandiQuik (lakier cukierkowy o smaku waniliowym)
- ½ szklanki gęstej śmietanki
- ¼ szklanki niesolonego masła
- 1 łyżeczka ekstraktu waniliowego
- Szczypta soli

DO POWLEKANIA:
- 1 szklanka gorzkiej czekolady, roztopionej
- Kruszony boczek do posypania

INSTRUKCJE:
DO TRUFLI:
a) W małym rondlu podgrzej ciężką śmietankę na średnim ogniu, aż zacznie się gotować. Zdjąć z ognia.
b) W żaroodpornej misce wymieszaj CandiQuik, pokruszony boczek i sól.
c) Gorącą śmietaną zalej mieszankę CandiQuik i bekonu. Pozostaw na minutę, aby zmiękczyć powłokę cukierka.
d) Mieszaj mieszaninę, aż CandiQuik całkowicie się rozpuści i będzie gładki.
e) Dodaj niesolone masło i ekstrakt waniliowy do mieszanki CandiQuik. Mieszaj, aż masło się rozpuści, a mieszanina dobrze się połączy.
f) Przechowuj mieszaninę truflową w lodówce przez co najmniej 2 godziny lub do momentu, aż stanie się wystarczająco twarda, aby można ją było łatwo unieść.

DO MONTAŻU:
g) Po schłodzeniu mieszanki truflowej łyżką lub tłuczkiem do melonów odrywaj małe porcje i uformuj kulki.
h) Ułóż kulki truflowe na blasze wyłożonej pergaminem i włóż je z powrotem do lodówki na czas przygotowania polewy.

DO POWLEKANIA:

i) Rozpuść gorzką czekoladę zgodnie z instrukcją na opakowaniu. Zwykle polega to na podgrzewaniu go w kuchence mikrofalowej w 30-sekundowych odstępach, aż do całkowitego stopienia.
j) Zanurz każdą truflę w roztopionej ciemnej czekoladzie, tak aby równomiernie ją pokryła.
k) Połóż panierowane trufle z powrotem na blasze wyłożonej pergaminem.
l) Zanim ciemna czekolada zastygnie, posyp każdą truflę pokruszonym boczkiem, aby dodać smaku i dekoracji.
m) Przed podaniem poczekaj, aż powłoka całkowicie stwardnieje.

29. Cinco de Mayo Meksykańskie trufle z przyprawami

SKŁADNIKI:
DO TRUFLI:
- 1 opakowanie CandiQuik (lakier cukierkowy o smaku waniliowym)
- ½ szklanki gęstej śmietanki
- 1 łyżeczka mielonego cynamonu
- ½ łyżeczki mielonej gałki muszkatołowej
- ¼ łyżeczki mielonego pieprzu cayenne (dostosuj do smaku)
- ¼ łyżeczki mielonych goździków
- ¼ łyżeczki zmielonego ziela angielskiego
- Skórka z 1 pomarańczy

DO POWLEKANIA:
- ½ szklanki kakao w proszku
- ¼ szklanki cukru pudru
- 1 łyżeczka mielonego cynamonu (do posypania)

INSTRUKCJE:
a) W małym rondlu podgrzej ciężką śmietankę na średnim ogniu, aż zacznie się gotować. Zdjąć z ognia.
b) CandiQuik połam na kawałki i umieść w żaroodpornej misce. Gorącą śmietaną zalej CandiQuik i odstaw na minutę, żeby zmiękła.
c) Mieszaj mieszaninę, aż CandiQuik całkowicie się rozpuści i będzie gładki.
d) Do roztopionej mieszanki CandiQuik dodaj zmielony cynamon, gałkę muszkatołową, pieprz cayenne, goździki, ziele angielskie i skórkę pomarańczową. Dobrze wymieszaj, aby połączyć.
e) Poczekaj, aż mieszanina ostygnie do temperatury pokojowej, a następnie przechowuj ją w lodówce przez co najmniej 2 godziny lub do momentu, aż stanie się wystarczająco twarda, aby można było nią manipulować.
f) W płytkiej misce wymieszaj kakao w proszku i cukier puder. Odłożyć na bok.
g) Gdy masa truflowa ostygnie, łyżką lub tłuczkiem do melonów wydrąż małe porcje i uformuj je w kulki.
h) Każdą truflę obtaczamy w mieszance kakao i cukru pudru, tak aby warstwa była równomiernie pokryta.

i) Połóż panierowane trufle na blasze wyłożonej pergaminem.
j) Posyp trufle odrobiną mielonego cynamonu, aby uzyskać dodatkową warstwę smaku.
k) Włóż trufle do lodówki na około 30 minut, aby stwardniały.
l) Podawaj i ciesz się meksykańskimi truflami z przyprawami jako wspaniałą ucztą na Cinco de Mayo lub na inną specjalną okazję!

30.Trufle CandiQuik Pecan Pie

SKŁADNIKI:
DO TRUFLI:
- 1 szklanka orzechów pekan, drobno posiekanych
- 1 szklanka okruszków krakersów graham
- ½ szklanki jasnego syropu kukurydzianego
- ¼ szklanki niesolonego masła, roztopionego
- ¼ szklanki brązowego cukru
- 1 łyżeczka ekstraktu waniliowego
- Szczypta soli

DO POWLEKANIA:
- 1 opakowanie CandiQuik (lakier cukierkowy o smaku waniliowym)

DO DEKORACJI (OPCJONALNIE):
- Całe orzechy pekan do dekoracji
- Dodatkowe okruszki krakersów graham

INSTRUKCJE:
DO TRUFLI:
a) W dużej misce wymieszaj drobno posiekane orzechy pekan, okruchy krakersów graham, jasny syrop kukurydziany, roztopione masło, brązowy cukier, ekstrakt waniliowy i szczyptę soli. Mieszaj, aż dobrze się połączą.
b) Mieszankę wstawić do lodówki na około 30 minut, aby masa stwardniała.
c) Gdy mieszanina będzie już twarda, za pomocą rąk uformuj kulki wielkości trufli i ułóż je na wyłożonej pergaminem tacy.

DO POWLEKANIA:
d) Rozpuść CandiQuik zgodnie z instrukcją na opakowaniu. Zwykle polega to na podgrzewaniu go w kuchence mikrofalowej w 30-sekundowych odstępach, aż do całkowitego stopienia.
e) Za pomocą widelca lub wykałaczki zanurz każdą truflę z ciasta orzechowego w roztopionym CandiQuik, zapewniając równomierną powłokę.
f) Połóż panierowane trufle z powrotem na blasze wyłożonej pergaminem.

DO DEKORACJI (OPCJONALNIE):
g) Gdy polewka CandiQuik jest jeszcze mokra, na wierzch każdej trufli połóż cały orzech orzechowy dla dekoracji.
h) Posyp dodatkową porcją krakersów graham na wierzch każdej trufli, aby uzyskać dodatkowy smak i konsystencję.
i) Przed podaniem poczekaj, aż powłoka CandiQuik całkowicie stwardnieje.

31. Łyżki czekoladowo-truflowe z masłem orzechowym

SKŁADNIKI:

- 1 szklanka kremowego masła orzechowego
- ½ szklanki cukru pudru
- ¼ szklanki niesolonego masła, miękkiego
- 1 łyżeczka ekstraktu waniliowego
- Szczypta soli
- 1 opakowanie CandiQuik (lakier cukierkowy o smaku waniliowym)
- Formy do czekolady lub cukierków
- Drewniane lub plastikowe łyżki do maczania

INSTRUKCJE:

a) W misce wymieszaj kremowe masło orzechowe, cukier puder, miękkie masło, ekstrakt waniliowy i szczyptę soli. Mieszaj, aż dobrze się połączą.

b) Z masy masła orzechowego uformuj małe kulki wielkości trufli i ułóż je na wyłożonej pergaminem blaszce. Włóż blachę do lodówki na około 30 minut, aby trufle stwardniały.

c) CandiQuik połam na kawałki i umieść w żaroodpornej misce. Rozpuść CandiQuik zgodnie z instrukcją na opakowaniu. Zwykle polega to na podgrzewaniu go w kuchence mikrofalowej w 30-sekundowych odstępach, aż do całkowitego stopienia.

d) Przygotuj foremki na czekoladę lub cukierki. Jeśli używasz łyżek drewnianych lub plastikowych, zanurz główki łyżek w roztopionym CandiQuik, aby stworzyć bazę czekoladową.

e) Na każdej łyżce w czekoladzie lub w każdej foremce ułóż truflę z masłem orzechowym.

f) Wlać więcej roztopionego CandiQuik na trufle z masłem orzechowym, aby całkowicie je przykryć.

g) Pozwól, aby powłoka CandiQuik stwardniała częściowo, ale nie całkowicie.

h) Opcjonalnie: Jeśli chcesz, możesz posypać wierzch dodatkowym roztopionym CandiQuikiem dla dekoracji.

i) Pozwól, aby powłoka czekoladowa całkowicie stwardniała i zestaliła się.

j) Po zastygnięciu łyżki czekolady z masłem orzechowym i truflami są gotowe do spożycia!

32. Czekoladowe Trufle Ciastkowe

SKŁADNIKI:

CIASTO:
- 1 opakowanie mieszanki na ciasto z ciemnej czekolady (+ składniki na mieszankę na ciasto)
- 1 ¼ szklanki piwa Guinness Extra Stout

LUKIER:
- 8 łyżek (1 kostka) masła
- 3-4 szklanki cukru pudru, przesianego
- 3 łyżki stout piwa (np. Guinness)
- ½ łyżeczki ekstraktu waniliowego
- Szczypta soli

POWŁOKA:
- 2 opakowania Czekoladowej Powłoki CandiQuik

INSTRUKCJE:

a) Przygotuj ciasto zgodnie z instrukcją na opakowaniu (zastępując wodę równą ilością 1-¼ szklanki porteru lub piwa stout).
b) Schłodzone ciasto pokruszyć do dużej miski.
c) Przygotuj lukier: zmiksuj miękkie masło na puszystą masę. Powoli dodawaj cukier puder, stout, wanilię i sól; ubijaj na średnim poziomie przez 3 minuty lub do momentu, aż masa będzie jasna i puszysta.
d) Do pokruszonego ciasta dodać ½ szklanki lukru i dokładnie wymieszać.
e) Z powstałej masy uformuj kulki o średnicy 1 cm i włóż do lodówki na około 1 godzinę.
f) Rozpuść czekoladowe CandiQuik w roztopionym pojemniku i przygotuj tackę do kuchenki mikrofalowej zgodnie z instrukcją na opakowaniu. Zanurzaj kulki ciasta w polewie czekoladowej i układaj na papierze woskowanym, aby stwardniały.

33. Trufle z ciasta szampańskiego

SKŁADNIKI:
NA CIASTO TRUFLE:
- 1 opakowanie mieszanki ciast o smaku szampana (plus składniki wymienione na opakowaniu, np. jajka, olej, woda)
- 1 szklanka szampana lub wina musującego
- ½ szklanki kremu maślanego (kupnego lub domowej roboty)
- 1 opakowanie CandiQuik (lakier cukierkowy o smaku waniliowym)
- Jadalny pył złoty lub srebrny do dekoracji (opcjonalnie)

NA CAKE POPS (OPCJONALNIE):
- Patyczki do lizaków
- Dodatkowy CandiQuik do powlekania
- Jadalny pył złoty lub srebrny do dekoracji (opcjonalnie)

INSTRUKCJE:
NA CIASTO TRUFLE:
a) Rozgrzej piekarnik zgodnie z instrukcją dotyczącą ciasta. Natłuszczamy i oprószamy mąką formę do pieczenia ciasta.
b) Przygotuj mieszankę ciasta o smaku szampana zgodnie z instrukcją na opakowaniu, zastępując wodę szampanem.
c) Upiecz ciasto zgodnie z instrukcją i pozostaw do całkowitego ostygnięcia.
d) Gdy ciasto ostygnie, w dużej misce pokruszyć je na drobne okruszki.
e) Do okruszków ciasta dodać krem maślany i wymieszać, aż składniki dobrze się połączą. Mieszanka powinna mieć konsystencję ciasta.
f) Z powstałej masy uformuj kulki wielkości trufli i ułóż je na blasze wyłożonej pergaminem.
g) Rozpuść CandiQuik zgodnie z instrukcją na opakowaniu. Zwykle polega to na podgrzewaniu go w kuchence mikrofalowej w 30-sekundowych odstępach, aż do całkowitego stopienia.
h) Zanurzaj każdą truflę w roztopionym CandiQuiku, zapewniając równą powłokę.
i) Połóż panierowane trufle z powrotem na blasze wyłożonej pergaminem.
j) W razie potrzeby posyp trufle jadalnym złotym lub srebrnym pyłem, aby uzyskać dekoracyjny akcent.

k) Przed podaniem poczekaj, aż powłoka CandiQuik całkowicie stwardnieje.

NA CAKE POPS (OPCJONALNIE):

l) Wykonaj powyższe kroki, aby przygotować mieszankę ciasta truflowego i uformuj z nich kulki.
m) Zamiast umieszczać trufle na tacy, włóż patyczki lizaków do każdej kulki ciasta, aby utworzyć ciasto na patyku.
n) Rozpuść dodatkową porcję CandiQuik, aby pokryć ciasto na patyku.
o) Zanurzaj każdy popcorn w roztopionym CandiQuiku, zapewniając równą powłokę.
p) Zanim umieścisz ciasto na blasze wyłożonej pergaminem, poczekaj, aż nadmiar powłoki ocieknie.
q) Opcjonalnie: posyp babeczki złotym lub srebrnym jadalnym pyłem w celu dekoracji.
r) Przed podaniem poczekaj, aż powłoka CandiQuik całkowicie stwardnieje.

PRZEKRYCIA CIASTA

34. CandiQuik Pomarańczowe ciasteczka z kremem

SKŁADNIKI:
- 1 opakowanie mieszanki do ciasta waniliowego (plus wymagane składniki, takie jak jajka, olej, woda)
- 1 szklanka soku pomarańczowego
- Skórka z jednej pomarańczy
- 1 łyżeczka ekstraktu waniliowego
- ½ szklanki roztopionego, niesolonego masła
- 2 szklanki polewy CandiQuik (pomarańczowej lub białej)
- Barwnik spożywczy pomarańczowy (opcjonalnie)
- Posypka do dekoracji (opcjonalnie)

INSTRUKCJE:
a) Rozgrzej piekarnik zgodnie z instrukcją dotyczącą ciasta.
b) W dużej misce przygotuj masę waniliową, postępując zgodnie z instrukcjami na pudełku.
c) Do ciasta dodać sok pomarańczowy, skórkę pomarańczową, ekstrakt waniliowy i roztopione masło. Mieszaj, aż dobrze się połączą.
d) Ciasto wlać do natłuszczonej i oprószonej mąką tortownicy.
e) Upiecz ciasto zgodnie z instrukcją na opakowaniu.
f) Po upieczeniu pozostawić ciasto do całkowitego ostygnięcia.
g) Wystudzone ciasto pokruszyć rękoma lub widelcem na drobne okruchy.
h) Odrywaj małe porcje okruszków ciasta i formuj z nich kulki wielkości kęsa. Ułóż kulki ciasta na blasze wyłożonej pergaminem.
i) W naczyniu przeznaczonym do kuchenki mikrofalowej rozpuść powłokę CandiQuik zgodnie z instrukcją na opakowaniu. W razie potrzeby dodaj kilka kropli pomarańczowego barwnika spożywczego, aby uzyskać pożądany kolor.
j) Za pomocą widelca lub wykałaczki zanurz każdą kulkę ciasta w roztopionej polewie CandiQuik, upewniając się, że są równomiernie pokryte. Pozwól, aby nadmiar powłoki spłynął.
k) Ułóż powlekane kulki ciasta z powrotem na papierze pergaminowym. Udekorować posypką bezpośrednio przed zastygnięciem powłoki.

l) Pozostaw kawałki ciasta do ostygnięcia, a polewę całkowicie stwardnieje, wkładając je do lodówki na około 15-20 minut.
m) Gdy powłoka stwardnieje, przenieś Orange Creamsicle Cake Bites na talerz.
n) Podawaj i ciesz się tymi wspaniałymi smakołykami podczas następnego spotkania lub jako słodka przekąska.

35. CandiQuik Cannoli Bites

SKŁADNIKI:

- 1 szklanka sera ricotta
- ½ szklanki cukru pudru
- ½ łyżeczki ekstraktu waniliowego
- ¼ szklanki mini chipsów czekoladowych
- 1 opakowanie CandiQuik (lakier cukierkowy o smaku waniliowym)
- ¼ szklanki posiekanych pistacji (opcjonalnie, do dekoracji)
- Mini muszelki z ciasta lub muszelki cannoli

INSTRUKCJE:

a) W misce wymieszaj serek ricotta, cukier puder i ekstrakt waniliowy. Mieszaj, aż dobrze się połączą.

b) Włóż mini kawałki czekolady do mieszanki ricotty. Upewnij się, że są równomiernie rozłożone.

c) Rozpuść CandiQuik zgodnie z instrukcją na opakowaniu. Zwykle polega to na podgrzewaniu go w kuchence mikrofalowej w 30-sekundowych odstępach, aż do całkowitego stopienia.

d) Zanurzaj krawędzie mini ciasta lub skorupek cannoli w roztopionym CandiQuik, zapewniając równą powłokę. Pozwól, aby nadmiar powłoki spłynął.

e) Połóż powlekane muszle na blasze wyłożonej pergaminem i poczekaj, aż CandiQuik stwardnieje.

f) Napełnij rękaw cukierniczy mieszanką ricotty. Jeśli nie masz rękawa cukierniczego, możesz użyć woreczka Ziploc i wyciąć mały otwór w jednym rogu.

g) Do każdej powlekanej muszli wciśnij mieszaninę ricotty, wypełniając ją.

h) W razie potrzeby posyp posiekanymi pistacjami odsłonięte nadzienie z ricotty, aby dodać smaku i tekstury.

i) Pozostaw Cannoli Bites do ostygnięcia w lodówce przez co najmniej 30 minut, aby nadzienie stwardniało.

j) Po schłodzeniu podawaj i ciesz się tymi wspaniałymi CandiQuik Cannoli Bites!

36.Bomby z ciasta wiśniowego CandiQuik

SKŁADNIKI:
NA CIASTO:
- 1 opakowanie mieszanki na białe ciasto (plus składniki wymienione na opakowaniu, np. jajka, olej, woda)
- 1 szklanka wiśni maraschino, posiekanych i odsączonych
- ½ szklanki kawałków białej czekolady

DO POWŁOKI:
- 1 opakowanie CandiQuik (lakier cukierkowy o smaku waniliowym)

DO DEKORACJI (OPCJONALNIE):
- Roztopione czerwone lub różowe cukierki (do posypania)
- Dodatkowo posiekane wiśnie maraschino

INSTRUKCJE:
NA CIASTO:

a) Rozgrzej piekarnik zgodnie z instrukcją dotyczącą ciasta. Nasmaruj tłuszczem i mąką formę do pieczenia o wymiarach 9 x 13 cali.

b) Przygotuj masę na białe ciasto zgodnie z instrukcją na opakowaniu.

c) Do ciasta dodać posiekane wiśnie maraschino i kawałki białej czekolady.

d) Ciasto wlać do przygotowanej formy do pieczenia i piec zgodnie z instrukcją na opakowaniu.

e) Pozostaw ciasto do całkowitego ostygnięcia, a następnie pokrusz je w dużą miskę.

f) Za pomocą rąk lub łyżki wymieszaj pokruszone ciasto, aż uzyska konsystencję przypominającą ciasto.

g) Weź małe porcje ciasta i zwiń je w kulki wielkości kęsa. Ułóż je na blasze wyłożonej pergaminem.

DO POWŁOKI:

h) Rozpuść CandiQuik zgodnie z instrukcją na opakowaniu. Zwykle polega to na podgrzewaniu go w kuchence mikrofalowej w 30-sekundowych odstępach, aż do całkowitego stopienia.

i) Zanurzaj każdą kulkę ciasta w roztopionym CandiQuiku, zapewniając równą powłokę.

j) Ułóż powlekane kulki ciasta z powrotem na blasze wyłożonej pergaminem.

DO DEKORACJI (OPCJONALNIE):

k) Rozpuść czerwony lub różowy cukierek zgodnie z instrukcją na opakowaniu.
l) Skropić roztopionymi cukierkami powlekane kulki ciasta, aby uzyskać dekoracyjny akcent.
m) Na wierzch każdej bomby ciasta połóż mały kawałek posiekanej wiśni maraschino.
n) Przed podaniem poczekaj, aż powłoka całkowicie stwardnieje.

37. Kulki z ciasta Margarita

SKŁADNIKI:
NA KULKI CIASTA:
- 1 opakowanie mieszanki na białe ciasto (plus składniki wymienione na opakowaniu, np. jajka, olej, woda)
- ⅓ szklanki tequili
- ¼ szklanki potrójnej sekundy
- Skórka z 2 limonek

DO glazury MARGARITA:
- 2 szklanki cukru pudru
- 2-3 łyżki tequili
- 1 łyżka triple sec
- Skórka z 1 limonki

DO POWŁOKI:
- 1 opakowanie CandiQuik (lakier cukierkowy o smaku waniliowym)
- Sól gruboziarnista (do dekoracji, opcjonalnie)

INSTRUKCJE:
NA KULKI CIASTA:
a) Rozgrzej piekarnik zgodnie z instrukcją dotyczącą ciasta. Nasmaruj tłuszczem i mąką formę do pieczenia o wymiarach 9 x 13 cali.
b) Przygotuj masę na białe ciasto zgodnie z instrukcją na opakowaniu.
c) Gdy ciasto będzie już gotowe, dodaj tequilę, triple sec i skórkę z limonki, aż dobrze się połączą.
d) Upiecz ciasto w przygotowanej formie zgodnie z instrukcją na opakowaniu. Pozwól mu całkowicie ostygnąć.
e) Gdy ciasto ostygnie, w dużej misce pokruszyć je na drobne okruszki.

DO glazury MARGARITA:
f) W osobnej misce wymieszaj cukier puder, tequilę, triple sec i skórkę z limonki, aż uzyskasz gładką konsystencję glazury.
g) Polewą polej okruchy ciasta i wymieszaj, aż składniki dobrze się połączą.
h) Rozwałkuj mieszaninę na małe kulki ciasta o średnicy około 1 do 1,5 cala i umieść je na blasze wyłożonej pergaminem.
i) Włóż blachę do lodówki na co najmniej 1-2 godziny, aby kulki stwardniały.

DO POWŁOKI:

j) Rozpuść CandiQuik zgodnie z instrukcją na opakowaniu. Zwykle polega to na podgrzewaniu go w kuchence mikrofalowej w 30-sekundowych odstępach, aż do całkowitego stopienia.

k) Za pomocą widelca lub wykałaczki zanurz każdą kulkę ciasta w roztopionym CandiQuik, zapewniając równą powłokę.

l) Usmażone kulki ciasta układaj na blasze wyłożonej pergaminem.

m) Opcjonalnie: Posyp grubą solą wierzch każdej kulki ciasta, gdy powłoka CandiQuik jest jeszcze wilgotna, aby uzyskać słony brzeg inspirowany Margaritą.

n) Przed podaniem poczekaj, aż powłoka CandiQuik całkowicie stwardnieje.

38.CandiQuik Kuleczki do ciasta z gałką oczną

SKŁADNIKI:
- Kulki ciasta (przygotowane według Twojego ulubionego przepisu na ciasto lub kupione w sklepie)
- 1 opakowanie (16 uncji) CandiQuik Candy Coating
- Czerwony lukier w żelu lub konfitura malinowa dla efektu „krwi".
- Miniaturowe kawałki czekolady lub cukierkowe oczy

INSTRUKCJE:
a) Rozpuść Candy Coating CandiQuik zgodnie z instrukcją na opakowaniu.
b) Zanurz każdą kulkę ciasta w roztopionym CandiQuiku, aby ją pokryć.
c) Umieść dwie miniaturowe kawałki czekolady lub cukierkowe oczy na powleczonej kulce ciasta.
d) Aby uzyskać efekt „krwi" wokół oczu, użyj czerwonego lukru w żelu lub dżemu malinowego.
e) Przed podaniem pozwól polewie stwardnieć.

39. CandiQuik Ciasto Dyniowe z Przyprawami

SKŁADNIKI:
NA KĄSY CIASTA:
- 1 opakowanie mieszanki ciast przyprawowych oraz składniki wymienione na pudełku
- 1 szklanka puree z dyni konserwowej
- 1 łyżeczka przyprawy do ciasta dyniowego

DO POWŁOKI:
- 1 opakowanie CandiQuik (lakier cukierkowy o smaku waniliowym)

DO DEKORACJI (OPCJONALNIE):
- Mielony cynamon
- Posiekane orzechy (np. orzechy pekan lub włoskie)

INSTRUKCJE:
NA KĄSY CIASTA:

a) Rozgrzej piekarnik zgodnie z instrukcją dotyczącą ciasta. Nasmaruj tłuszczem i mąką formę do pieczenia o wymiarach 9 x 13 cali.

b) Przygotuj mieszankę ciasta korzennego zgodnie z instrukcją na opakowaniu.

c) Do ciasta dodać puree z dyni z puszki i przyprawę do ciasta dyniowego. Mieszaj, aż dobrze się połączą.

d) Ciasto wlać do przygotowanej formy do pieczenia i piec zgodnie z instrukcją na opakowaniu. Pozwól ciastu całkowicie ostygnąć.

e) Gdy ciasto ostygnie, w dużej misce pokruszyć je na drobne okruszki.

DO MONTAŻU:

f) Dłońmi lub łyżką mieszamy pokruszone ciasto rękami lub łyżką, aż uzyska konsystencję przypominającą ciasto.

g) Rozwałkuj mieszaninę na małe kulki ciasta o średnicy około 1 do 1,5 cala i umieść je na blasze wyłożonej pergaminem.

h) Włóż blachę do lodówki na co najmniej 1-2 godziny, aby kulki stwardniały.

DO POWŁOKI:

i) Rozpuść CandiQuik zgodnie z instrukcją na opakowaniu. Zwykle polega to na podgrzewaniu go w kuchence mikrofalowej w 30-sekundowych odstępach, aż do całkowitego stopienia.

j) Za pomocą widelca lub wykałaczki zanurz każdą kulkę ciasta w roztopionym CandiQuik, zapewniając równą powłokę.
k) Ułóż powlekane kulki ciasta z powrotem na blaszce wyłożonej pergaminem.

DO DEKORACJI (OPCJONALNIE):
l) Gdy polewka CandiQuik jest jeszcze mokra, posyp każdą kulkę ciasta mielonym cynamonem lub posiekanymi orzechami, aby uzyskać dodatkowy smak i dekorację.
m) Przed podaniem poczekaj, aż powłoka CandiQuik całkowicie stwardnieje.

40.CandiQuik Czekoladowe BaNilla Wafle

SKŁADNIKI:

- Waflowe ciasteczka waniliowe
- 1 opakowanie CandiQuik (lakier cukierkowy o smaku waniliowym)
- Kawałki gorzkiej czekolady lub wafle do topienia ciemnej czekolady (do polania, opcjonalnie)
- Posypka lub posiekane orzechy (opcjonalnie, do dekoracji)

INSTRUKCJE:

a) Blachę do pieczenia wyłóż papierem pergaminowym.
b) CandiQuik połam na kawałki i umieść w żaroodpornej misce. Rozpuść CandiQuik zgodnie z instrukcją na opakowaniu. Zwykle polega to na podgrzewaniu go w kuchence mikrofalowej w 30-sekundowych odstępach, aż do całkowitego stopienia.
c) Zanurz każdy waniliowy wafelek w roztopionym CandiQuiku, upewniając się, że jest całkowicie pokryty.
d) Za pomocą widelca lub narzędzia do zanurzania wyjmij pokryty wafelek z CandiQuik, pozwalając, aby nadmiar powłoki spłynął.
e) Powlekany wafelek ułożyć na blasze wyłożonej papierem do pieczenia.
f) Opcjonalnie: Jeśli chcesz dodać akcentu dekoracyjnego, posmaruj wafle pokryte CandiQuik roztopioną gorzką czekoladą za pomocą łyżki lub rękawa cukierniczego. Mokrą polewę CandiQuik można również posypać posypką lub posiekanymi orzechami, aby uzyskać dodatkową teksturę i dekorację.
g) Pozwól, aby powłoka CandiQuik (i wszelkie dodatkowe dekoracje) stwardniała i całkowicie stwardniała.

41. CandiQuik Przekąski z winem i ciastem czekoladowym

SKŁADNIKI:
NA KĄSY CIASTA:
- 1 opakowanie mieszanki na ciasto czekoladowe (plus składniki wymienione na opakowaniu, np. jajka, olej, woda)
- 1 szklanka czerwonego wina (użyj wina o smaku, który lubisz)
- ½ szklanki CandiQuik (lakieru cukierkowego o smaku waniliowym), roztopionego

DO POWŁOKI:
- 1 opakowanie CandiQuik (lakier cukierkowy o smaku waniliowym)

DO DEKORACJI (OPCJONALNIE):
- Wiórki gorzkiej czekolady lub proszek kakaowy
- Płatki soli morskiej

INSTRUKCJE:
NA KĄSY CIASTA:
a) Rozgrzej piekarnik zgodnie z instrukcją dotyczącą ciasta czekoladowego. Nasmaruj tłuszczem i mąką formę do pieczenia o wymiarach 9 x 13 cali.
b) Przygotuj masę czekoladową zgodnie z instrukcją na opakowaniu, zastępując wodę czerwonym winem.
c) Ciasto wlać do przygotowanej formy do pieczenia i piec zgodnie z instrukcją na opakowaniu. Pozwól ciastu całkowicie ostygnąć.
d) Gdy ciasto ostygnie, w dużej misce pokruszyć je na drobne okruszki.

DO MONTAŻU:
e) Dłońmi lub łyżką mieszamy pokruszone ciasto rękami lub łyżką, aż uzyska konsystencję przypominającą ciasto.
f) Rozwałkuj mieszaninę na małe kulki ciasta o średnicy około 1 do 1,5 cala i umieść je na blasze wyłożonej pergaminem.
g) Włóż blachę do lodówki na około 30 minut, aby kulki stwardniały.

DO POWŁOKI:
h) Rozpuść CandiQuik zgodnie z instrukcją na opakowaniu. Zwykle polega to na podgrzewaniu go w kuchence mikrofalowej w 30-sekundowych odstępach, aż do całkowitego stopienia.
i) Za pomocą widelca lub wykałaczki zanurz każdą kulkę ciasta w roztopionym CandiQuik, zapewniając równą powłokę.

j) Ułóż powlekane kulki ciasta z powrotem na blaszce wyłożonej pergaminem.

DO DEKORACJI (OPCJONALNIE):

k) Gdy polewka CandiQuik jest jeszcze mokra, posyp każdą kulkę ciasta wiórkami gorzkiej czekolady lub kakao, aby uzyskać dodatkowy smak i dekorację.

l) Opcjonalnie możesz posypać wierzch kilkoma płatkami soli morskiej, aby podkreślić bogaty smak czekolady.

m) Przed podaniem poczekaj, aż powłoka CandiQuik całkowicie stwardnieje.

42.Pot O' Gold Rainbow Cake Bites

SKŁADNIKI:
- 1 opakowanie ulubionej mieszanki ciast (plus składniki wymienione na pudełku)
- 1 szklanka kremu maślanego
- Powłoka cukierkowa CandiQuik
- Tęczowa posypka
- Złote monety czekoladowe

INSTRUKCJE:
a) Aby przygotować ciasto, postępuj zgodnie z instrukcjami na pudełku z mieszanką ciasta. Ciasto upiec w prostokątnej formie zgodnie z instrukcją na opakowaniu. Pozwól ciastu całkowicie ostygnąć.
b) Gdy ciasto ostygnie, w dużej misce pokruszyć je na drobne okruchy.
c) Stopniowo dodawaj krem maślany, aż okruchy ciasta posklejają się i utworzą konsystencję przypominającą ciasto.
d) Weź małe porcje mieszanki i uformuj z nich kulki wielkości kęsa.
e) Rozpuść Candy Coating CandiQuik zgodnie z instrukcją na opakowaniu.
f) Za pomocą widelca lub wykałaczki zanurz każdą kulkę ciasta w roztopionym CandiQuik, aby całkowicie ją pokrył.
g) Zanim powłoka stwardnieje, posyp każdą posypaną kulką ciasta tęczową posypką.
h) Umieść złotą czekoladową monetę na wierzchu każdej kulki ciasta, aby symbolizować garnek złota.
i) Pozostaw kawałki ciasta na papierze pergaminowym, aż powłoka stwardnieje.
j) Gdy polewa całkowicie się stwardnieje, Twoje CandiQuik Pot O' Gold Rainbow Cake Bites są gotowe do podania!

43. CandiQuik Ciasto Żołędziowe

SKŁADNIKI:

- Kawałki ciasta (przygotowane według Twojego ulubionego przepisu na ciasto lub kupione w sklepie)
- 1 opakowanie (16 uncji) CandiQuik Candy Coating
- Chipsy czekoladowe lub pocałunki Hershey's
- Paluszki

INSTRUKCJE:

a) Rozpuść Candy Coating CandiQuik zgodnie z instrukcją na opakowaniu.
b) Zanurz każdy kęs ciasta w roztopionym CandiQuiku, aby go pokryć.
c) Umieść kawałek czekolady lub pocałunek Hershey's na wierzchu czapki żołędziowej.
d) Włóż mały kawałek precla do kawałka ciasta jako łodygę żołędzia.
e) Przed podaniem pozwól polewie stwardnieć.

44. CandiQuik Ciasto Dyniowe

SKŁADNIKI:
NA PRZEkąski CIASTA DYNIOWEGO:
- 1 opakowanie mieszanki ciast przyprawowych oraz składniki wymienione na pudełku
- 1 szklanka puree z dyni konserwowej
- 1 łyżeczka przyprawy do ciasta dyniowego
- ½ szklanki CandiQuik (lakieru cukierkowego o smaku waniliowym), roztopionego

DO POWŁOKI:
- 1 opakowanie CandiQuik (lakier cukierkowy o smaku waniliowym)

DO DEKORACJI (OPCJONALNIE):
- Pokruszone krakersy graham
- Cukier cynamonowy
- Posiekane orzechy (np. orzechy pekan lub włoskie)

INSTRUKCJE:
NA PRZEkąski CIASTA DYNIOWEGO:
a) Rozgrzej piekarnik zgodnie z instrukcją dotyczącą mieszanki ciastek z przyprawami. Nasmaruj tłuszczem i mąką formę do pieczenia o wymiarach 9 x 13 cali.
b) Przygotuj mieszankę ciasta korzennego zgodnie z instrukcją na opakowaniu.
c) Do ciasta dodać puree z dyni z puszki i przyprawę do ciasta dyniowego. Mieszaj, aż dobrze się połączą.
d) Ciasto wlać do przygotowanej formy do pieczenia i piec zgodnie z instrukcją na opakowaniu. Pozwól ciastu całkowicie ostygnąć.
e) Gdy ciasto ostygnie, w dużej misce pokruszyć je na drobne okruszki.

DO MONTAŻU:
f) Za pomocą rąk lub łyżki wymieszaj pokruszone ciasto, aż uzyska konsystencję przypominającą ciasto.
g) Rozwałkuj mieszaninę na małe kulki ciasta o średnicy około 1 do 1,5 cala i umieść je na blasze wyłożonej pergaminem.
h) Włóż blachę do lodówki na około 30 minut, aby kulki stwardniały.

DO POWŁOKI:

i) Rozpuść CandiQuik zgodnie z instrukcją na opakowaniu. Zwykle polega to na podgrzewaniu go w kuchence mikrofalowej w 30-sekundowych odstępach, aż do całkowitego stopienia.

j) Za pomocą widelca lub wykałaczki zanurz każdą kulkę ciasta w roztopionym CandiQuik, zapewniając równą powłokę.

k) Ułóż powlekane kulki ciasta z powrotem na blasze wyłożonej pergaminem.

DO DEKORACJI (OPCJONALNIE):

l) Gdy polewka CandiQuik jest jeszcze mokra, posyp każdą kulkę ciasta pokruszonymi krakersami graham, cukrem cynamonowym lub posiekanymi orzechami, aby uzyskać dodatkowy smak i dekorację.

m) Przed podaniem poczekaj, aż powłoka CandiQuik całkowicie stwardnieje.

45. Ukąszenia ciasta z sercem

SKŁADNIKI:
- 1 opakowanie mieszanki na ciasto Red Velvet
- 1 szklanka lukieru z serka śmietankowego
- Powłoka czekoladowa CandiQuik

INSTRUKCJE:
a) Przygotuj ciasto Red Velvet zgodnie z instrukcją na opakowaniu.
b) Pozostaw ciasto do ostygnięcia, następnie pokrusz je i wymieszaj z kremowym serkiem.
c) Rozwałkuj mieszaninę na małe kawałki ciasta w kształcie serca.
d) Rozpuść polewę czekoladową CandiQuik i zanurzaj każdy kęs ciasta, aby ją pokrył.
e) Ułóż je na wyłożonej papierem blasze i poczekaj, aż polewa czekoladowa stwardnieje.

46. Kawałki ciasta z ciecierzycy

SKŁADNIKI:

- 1 puszka (15 uncji) ciecierzycy, odsączona i opłukana
- ½ szklanki bezglutenowych płatków owsianych
- ¼ szklanki masła migdałowego
- ¼ szklanki miodu
- 1 łyżeczka ekstraktu waniliowego
- Szczypta soli
- 1 opakowanie (16 uncji) CandiQuik Candy Coating

INSTRUKCJE:

a) W robocie kuchennym zmiksuj ciecierzycę, płatki owsiane, masło migdałowe, miód, ekstrakt waniliowy i sól, aż do uzyskania konsystencji przypominającej ciasto.
b) Z ciasta formuj kulki wielkości kęsa i układaj je na blasze wyłożonej pergaminem.
c) Rozpuść Candy Coating CandiQuik zgodnie z instrukcją na opakowaniu.
d) Zanurz każdy kęs ciasta w roztopionym CandiQuik, aby go pokryć.
e) Przed podaniem pozwól polewie stwardnieć.

47. CandiQuik Roztapiające się kuleczki z ciasta bałwankowego

SKŁADNIKI:

- Kulki ciasta (przygotowane według Twojego ulubionego przepisu na ciasto lub kupione w sklepie)
- 1 opakowanie (16 uncji) CandiQuik Candy Coating
- Miniaturowe kawałki czekolady lub cukierkowe oczy
- Rozpuszczające się pomarańczowe cukierki (lub lukier pomarańczowy) dla marchewkowych nosów
- Lukier dekoracyjny na szaliki i guziki

INSTRUKCJE:

a) Zanurz każdą kulkę ciasta w roztopionej polewie CandiQuik.
b) Umieść dwie miniaturowe kawałki czekolady lub cukierkowe oczy na roztopionej polewie na oczy.
c) Użyj małego kawałka pomarańczowego cukierka lub lukru, aby stworzyć marchewkowy nos.
d) Udekoruj lukrem, tworząc szaliki i guziki, nadając wygląd topniejących bałwanów.
e) Przed podaniem odczekaj, aż polewka stwardnieje.

48. CandiQuik Cadbury

SKŁADNIKI:
DO WYPEŁNIENIA:
- ½ szklanki niesolonego masła, zmiękczonego
- 2 ½ szklanki cukru pudru
- 1 łyżeczka ekstraktu waniliowego
- Żółty barwnik spożywczy (opcjonalnie)

DO POWŁOKI CZEKOLADOWEJ:
- 1 opakowanie CandiQuik (lakier cukierkowy o smaku waniliowym)
- 1 łyżka oleju roślinnego

INSTRUKCJE:

DO WYPEŁNIENIA:

a) W misce miksującej ubić zmiękczone masło na kremową masę.
b) Do masła stopniowo dodajemy cukier puder, dokładnie miksując po każdym dodaniu.
c) Dodaj ekstrakt waniliowy i kontynuuj mieszanie, aż mieszanina utworzy gładkie i elastyczne ciasto.
d) W razie potrzeby dodaj kilka kropli żółtego barwnika spożywczego, aby uzyskać klasyczny kolor jajka Cadbury. Mieszaj, aż kolor zostanie równomiernie rozprowadzony.
e) Ciasto podzielić na mniejsze części i z każdej uformować formę przypominającą jajko. Uformowane jajka układamy na blaszce wyłożonej pergaminem.
f) Włóż tacę do lodówki, aby się schłodziła i przygotuj polewę czekoladową.

DO POWŁOKI CZEKOLADOWEJ:

g) CandiQuik połam na kawałki i umieść w żaroodpornej misce. Dodaj olej roślinny do CandiQuik.
h) Rozpuść CandiQuik zgodnie z instrukcją na opakowaniu. Zwykle polega to na podgrzewaniu go w kuchence mikrofalowej w 30-sekundowych odstępach, aż do całkowitego stopienia.
i) Wyjmij uformowane nadzienie z lodówki.
j) Używając widelca lub narzędzia do maczania cukierków, zanurz każde nadzienie w roztopionym CandiQuik, upewniając się, że jest całkowicie pokryte.
k) Pozwól, aby nadmiar powłoki CandiQuik spłynął, a następnie umieść powlekane jajka z powrotem na papierze pergaminowym.
l) Po pokryciu wszystkich jajek włóż tacę do lodówki, aby polewa czekoladowa całkowicie stwardniała.
m) Po zastygnięciu domowe jajka Cadbury są gotowe do spożycia!

OWOCE ZAMKNIĘTE

49.CandiQuik Jagody z maczaną wanilią

SKŁADNIKI:

- Świeże jagody, umyte i wysuszone
- 1 opakowanie CandiQuik (lakier cukierkowy o smaku waniliowym)
- Opcjonalnie: biała posypka, wiórki kokosowe lub posiekane orzechy do dekoracji

INSTRUKCJE:

a) Blachę do pieczenia wyłóż papierem pergaminowym.
b) CandiQuik połam na kawałki i umieść w żaroodpornej misce. Rozpuść CandiQuik zgodnie z instrukcją na opakowaniu. Zwykle polega to na podgrzewaniu go w kuchence mikrofalowej w 30-sekundowych odstępach, aż do całkowitego stopienia.
c) Po rozpuszczeniu CandiQuik za pomocą wykałaczki lub patyka zanurzamy każdą jagodę w roztopionej panierce, zapewniając równą i gładką powłokę.
d) Pozwól, aby nadmiar powłoki spłynął i połóż pokryte jagody na blasze wyłożonej papierem do pieczenia.
e) Opcjonalnie: Jeśli chcesz dodać akcentu dekoracyjnego, posyp białą posypką, wiórkami kokosowymi lub posiekanymi orzechami mokrą polewę CandiQuik na każdej jagodzie.
f) Pozwól, aby powłoka CandiQuik stwardniała i całkowicie zestaliła się.
g) Gdy jagody z maczaną wanilią całkowicie stwardnieją, możesz przenieść je do naczynia do serwowania lub przechowywać w hermetycznym pojemniku.

50.CandiQuik Truskawki w czekoladzie

SKŁADNIKI:
- Świeże truskawki, umyte i osuszone
- 1 opakowanie CandiQuik (lakier cukierkowy o smaku waniliowym)
- Opcjonalnie: kawałki białej czekolady, kawałki ciemnej czekolady lub inne dodatki do dekoracji

INSTRUKCJE:
a) Blachę do pieczenia wyłóż papierem pergaminowym.
b) CandiQuik połam na kawałki i umieść w żaroodpornej misce. Rozpuść CandiQuik zgodnie z instrukcją na opakowaniu. Zwykle polega to na podgrzewaniu go w kuchence mikrofalowej w 30-sekundowych odstępach, aż do całkowitego stopienia.
c) Trzymaj każdą truskawkę za łodygę lub za pomocą wykałaczek zanurz truskawki w roztopionym CandiQuiku, pokrywając je około dwóch trzecich.
d) Pozwól, aby nadmiar powłoki CandiQuik spłynął, a następnie ułóż truskawki w czekoladzie na wyłożonej papierem do pieczenia blasze.
e) Opcjonalnie: Gdy polewa CandiQuik jest jeszcze mokra, możesz polać truskawki w czekoladzie roztopioną białą, gorzką czekoladą lub inną polewą, aby uzyskać dodatkową dekorację.
f) Pozwól, aby powłoka CandiQuik całkowicie stwardniała.
g) Po zastygnięciu truskawki w czekoladzie są gotowe do spożycia!

51.Czerwone, białe i niebieskie truskawki

SKŁADNIKI:
- Świeże truskawki, umyte i osuszone
- 1 opakowanie CandiQuik (lakier cukierkowy o smaku waniliowym)
- Niebieski cukierek topi się
- Biały cukierek topi się
- Opcjonalnie: do dekoracji czerwona, biała i niebieska posypka lub jadalny brokat

INSTRUKCJE:
a) Blachę do pieczenia wyłóż papierem pergaminowym.
b) CandiQuik połam na kawałki i umieść w żaroodpornej misce. Rozpuść CandiQuik zgodnie z instrukcją na opakowaniu. Zwykle polega to na podgrzewaniu go w kuchence mikrofalowej w 30-sekundowych odstępach, aż do całkowitego stopienia.
c) Podziel truskawki na trzy grupy.
d) Zanurzaj jedną grupę truskawek w roztopionym CandiQuiku, aż do całkowitego pokrycia. Ułóż je na blasze wyłożonej papierem do pieczenia.
e) Zanurz kolejną grupę truskawek w roztopionym niebieskim cukierku, aż do całkowitego pokrycia. Ułóż je obok pokrytych białymi truskawkami na blasze do pieczenia.
f) Pozostałą grupę truskawek zanurzaj w roztopionym białym cukierku, aż do całkowitego pokrycia. Ułóż je obok pokrytych niebieską warstwą truskawek na blasze do pieczenia.
g) Opcjonalnie: Gdy polewka z cukierka jest jeszcze mokra, posyp każdą posypaną truskawkę czerwoną, białą i niebieską posypką lub jadalnym brokatem, aby uzyskać świąteczny akcent.
h) Pozwól, aby powłoka cukierka stwardniała i całkowicie zestaliła się.
i) Po zastygnięciu Twoje czerwone, białe i niebieskie truskawki są gotowe do spożycia!

52. Zakryte ukąszenia bananów

SKŁADNIKI:

- Banany obrane i pokrojone na kawałki wielkości kęsa
- 1 opakowanie polewy waniliowej CandiQuik
- Posiekane orzechy lub wiórki kokosowe (opcjonalnie do panierowania)

INSTRUKCJE:

a) Rozpuść polewę waniliową CandiQuik zgodnie z instrukcją na opakowaniu.
b) Zanurz każdy kęs banana w roztopionej polewie waniliowej, całkowicie ją przykrywając.
c) Połóż powlekane kawałki banana na blaszce wyłożonej papierem pergaminowym.
d) Jeśli chcesz, obtocz pokrojone kawałki banana w posiekanych orzechach lub wiórkach kokosowych.
e) Pozostawić powłokę do stwardnienia w temperaturze pokojowej lub w lodówce.
f) Po zastygnięciu podawaj i delektuj się pysznymi bananami w CandiQuik.

53. CandiQuik Zawijane plasterki jabłka

SKŁADNIKI:

- Jabłka, pokrojone w ósemki
- 1 opakowanie polewy czekoladowej CandiQuik
- Pokruszone orzechy lub posypka (opcjonalnie do posypania)

INSTRUKCJE:

a) Rozpuść polewę czekoladową CandiQuik zgodnie z instrukcją na opakowaniu.
b) Zanurz każdy kawałek jabłka w roztopionej czekoladzie, upewniając się, że jest całkowicie nią pokryty.
c) Na blaszce wyłożonej papierem do pieczenia ułóż maczane plasterki jabłka.
d) W razie potrzeby posyp polewę czekoladową kruszonymi orzechami lub kolorową posypką.
e) Pozostawić czekoladę do zastygnięcia w temperaturze pokojowej lub w lodówce.
f) Po zastygnięciu podawaj i ciesz się smacznymi plasterkami jabłka w CandiQuik.

54. Truskawki Cinco de Mayo

SKŁADNIKI:

- Świeże truskawki, umyte i osuszone
- 1 opakowanie CandiQuik (lakier cukierkowy o smaku waniliowym)
- Zielony cukier lub zielona posypka
- Biały lub złoty cukier lub posypka
- Opcjonalnie: skórka z limonki do dekoracji

INSTRUKCJE:

a) Blachę do pieczenia wyłóż papierem pergaminowym.
b) CandiQuik połam na kawałki i umieść w żaroodpornej misce. Rozpuść CandiQuik zgodnie z instrukcją na opakowaniu. Zwykle polega to na podgrzewaniu go w kuchence mikrofalowej w 30-sekundowych odstępach, aż do całkowitego stopienia.
c) Trzymaj każdą truskawkę za łodygę lub za pomocą wykałaczek zanurz truskawki w roztopionym CandiQuiku, pokrywając je około dwóch trzecich.
d) Pozwól, aby nadmiar powłoki CandiQuik spłynął, a następnie ułóż powlekane truskawki na wyłożonej papierem do pieczenia blasze.
e) Gdy polewa CandiQuik jest jeszcze mokra, posyp jedną trzecią posypanych truskawek zielonym cukrem lub zieloną posypką. Reprezentuje zielony kolor flagi Meksyku.
f) Posyp białym lub złotym cukrem lub posyp kolejną jedną trzecią posypanych truskawek. Reprezentuje biały kolor flagi Meksyku.
g) Pozostałą jedną trzecią powlekanych truskawek pozostaw bez dodatkowej posypki, aby uzyskać czerwony kolor meksykańskiej flagi.
h) Opcjonalnie: Zetrzyj skórkę z limonki z truskawkami, aby uzyskać cytrusowy smak i dodać dodatek.
i) Pozwól, aby powłoka CandiQuik całkowicie stwardniała.
j) Po zastygnięciu truskawki Cinco de Mayo są gotowe do spożycia!

55.Truskawkowe czapki Mikołaja

SKŁADNIKI:
- CandiQuik (polewa z białej czekolady)
- Świeże truskawki
- Miniaturowe pianki

INSTRUKCJE:
a) Rozpuść białą czekoladę CandiQuik zgodnie z instrukcją na opakowaniu.
b) Zanurz spiczasty koniec truskawki w roztopionym CandiQuiku.
c) Połóż miniaturową piankę marshmallow na wierzchu pokrytej truskawką, aby utworzyć pompon czapki Mikołaja.
d) Przed podaniem poczekaj, aż CandiQuik stwardnieje.

CIASTA, PĄCZKI I CIASTA

56. CandiQuik Sernik cytrynowo-jagodowy

SKŁADNIKI:
DO SKORUPY:
- 1 ½ szklanki okruszków krakersów graham
- ¼ szklanki roztopionego masła
- ¼ szklanki granulowanego cukru

NA NADZIENIE SERNIKA:
- 3 opakowania (po 8 uncji) serka śmietankowego, zmiękczonego
- 1 szklanka granulowanego cukru
- 3 duże jajka
- 1 łyżeczka ekstraktu waniliowego
- Skórka z 1 cytryny
- ¼ szklanki świeżego soku z cytryny
- 1 szklanka świeżych jagód

DO LAZURY CANDIQUIK CYTRYNOWYCH:
- 1 opakowanie CandiQuik (lakier cukierkowy o smaku waniliowym)
- Skórka z 1 cytryny
- 2 łyżki świeżego soku z cytryny

INSTRUKCJE:
DO SKORUPY:
a) Rozgrzej piekarnik do 163°C (325°F). Nasmaruj tłuszczem 9-calową tortownicę.
b) W misce wymieszaj okruchy krakersów graham, roztopione masło i cukier granulowany. Wciśnij mieszaninę na dno przygotowanej formy, aby uformować skórkę.
c) Ciasto pieczemy w nagrzanym piekarniku przez około 10 minut. Wyjmij z piekarnika i poczekaj, aż ostygnie, przygotowując nadzienie.

NA NADZIENIE SERNIKA:
d) W dużej misce ubić serek śmietankowy i cukier granulowany na gładką masę.
e) Dodawaj jajka, jedno po drugim, dobrze ubijając po każdym dodaniu.
f) Mieszaj ekstrakt waniliowy, skórkę z cytryny i świeży sok z cytryny, aż dobrze się połączą.
g) Delikatnie dodaj świeże jagody.

h) Na ostudzony spód wylewamy masę sernikową.
i) Piec w nagrzanym piekarniku przez około 50-60 minut lub do momentu, aż środek się zarumieni.
j) Wyjmij sernik z piekarnika i pozostaw do ostygnięcia do temperatury pokojowej. Przechowywać w lodówce przez co najmniej 4 godziny lub przez noc.

DO LAZURY CANDIQUIK CYTRYNOWYCH:
k) CandiQuik połam na kawałki i umieść w żaroodpornej misce. Rozpuść CandiQuik zgodnie z instrukcją na opakowaniu.
l) Dodaj skórkę cytrynową i świeży sok z cytryny do roztopionego CandiQuik, aż dobrze się połączą.
m) Na schłodzony sernik wylać lukier cytrynowy CandiQuik, równomiernie go rozprowadzając.
n) Sernik włóż z powrotem do lodówki, aby lukier stwardniał.
o) Gdy lukier zastygnie, wyjmij sernik z tortownicy, pokrój i podawaj.

57.Sernik dyniowy CandiQuik

SKŁADNIKI:
- Batony lub kwadraty sernika dyniowego (przygotowane według ulubionego przepisu lub kupione w sklepie)
- 1 opakowanie (16 uncji) CandiQuik Candy Coating
- Pokruszone krakersy graham do panierowania (opcjonalnie)

INSTRUKCJE:
a) Sernik dyniowy pokroić na kwadraty wielkości kęsa.
b) Rozpuść Candy Coating CandiQuik zgodnie z instrukcją na opakowaniu.
c) Zanurz każdy kwadrat sernika w roztopionym CandiQuiku, aby go pokryć.
d) W razie potrzeby obtocz pokryty kwadrat w pokruszonych krakersach graham, aby uzyskać dodatkowy smak i konsystencję.
e) Przed podaniem pozwól polewie stwardnieć.

58. Wykaszarki do babeczek CandiQuik w kształcie płetwy rekina

SKŁADNIKI:
PŁETWY REKINA:
- 1 opakowanie CandiQuik (lakier cukierkowy o smaku waniliowym)
- Niebieski barwnik spożywczy
- Biały fondant lub biały cukierek topi się (na płetwy rekina)

NA Babeczki (OPCJONALNIE):
- Twój ulubiony przepis na babeczki lub babeczki kupione w sklepie
- Niebieski lukier

INSTRUKCJE:
PŁETWY REKINA:
a) CandiQuik połam na kawałki i umieść w żaroodpornej misce. Rozpuść CandiQuik zgodnie z instrukcją na opakowaniu. Zwykle polega to na podgrzewaniu go w kuchence mikrofalowej w 30-sekundowych odstępach, aż do całkowitego stopienia.
b) Dodaj kilka kropli niebieskiego barwnika spożywczego do roztopionego CandiQuik i mieszaj, aż uzyskasz pożądany odcień błękitu dla oceanu.
c) Rozwałkuj biały fondant lub rozpuść białe cukierki zgodnie z instrukcją na opakowaniu.
d) Za pomocą foremki do ciastek w kształcie płetwy rekina lub szablonu wytnij płetwy rekina z białego fondantu lub białych cukierków.
e) Zanurz każdą płetwę rekina w niebieskiej powłoce CandiQuik, aby zapewnić równą i gładką powłokę.
f) Połóż powlekane płetwy rekina na tacy wyłożonej pergaminem i poczekaj, aż całkowicie stwardnieją.

NA Babeczki (OPCJONALNIE):
g) Upiecz swoje ulubione babeczki według przepisu lub użyj babeczek kupionych w sklepie.
h) Gdy babeczki ostygną, posmaruj je niebieskim lukrem, który będzie przypominał ocean.

MONTAŻ:
i) Gdy płetwy rekina całkowicie stwardnieją, delikatnie włóż je w wierzch każdej babeczki, tworząc płetwę rekina wynurzającą się z „oceanicznego".
j) W razie potrzeby możesz dodać dodatkowe dekoracje, takie jak posypka w kształcie ryby lub niebieska posypka, aby podkreślić podwodny motyw.
k) Ułóż babeczki na talerzu i ciesz się uroczymi babeczkami Shark Fin!

59.CandiQuik Pączki cytrynowo-migdałowe

SKŁADNIKI:
NA PĄCZKI:
- 2 filiżanki mąki uniwersalnej
- 1 szklanka granulowanego cukru
- 1 ½ łyżeczki proszku do pieczenia
- ½ łyżeczki sody oczyszczonej
- ¼ łyżeczki soli
- ½ szklanki roztopionego, niesolonego masła
- 2 duże jajka
- 1 szklanka maślanki
- 1 łyżeczka ekstraktu waniliowego
- Skórka z 2 cytryn
- ½ szklanki posiekanych migdałów (do posypania)

DO LAZURY CANDIQUIK CYTRYNOWO MIGDAŁOWYCH:
- 1 opakowanie CandiQuik (lakier cukierkowy o smaku waniliowym)
- Sok z 2 cytryn
- 1 szklanka cukru pudru
- ¼ szklanki posiekanych migdałów (do posypania)

INSTRUKCJE:
NA PĄCZKI:
a) Rozgrzej piekarnik do 175°C (350°F). Nasmaruj formę do pączków.
b) W dużej misce wymieszaj mąkę, cukier, proszek do pieczenia, sodę oczyszczoną i sól.
c) W osobnej misce wymieszaj roztopione masło, jajka, maślankę, ekstrakt waniliowy i skórkę cytrynową.
d) Do suchych składników dodać mokre, wymieszać tylko do połączenia. Nie przesadzaj.
e) Łyżką nałóż ciasto do przygotowanej formy na pączki, wypełniając każdą formę do około ⅔ jej wysokości.
f) Piec w nagrzanym piekarniku przez 12-15 minut lub do momentu, aż wykałaczka wbita w pączek będzie sucha.
g) Pozwól pączkom ostygnąć na blasze przez kilka minut, a następnie przenieś je na metalową kratkę, aby całkowicie ostygły.

DO LAZURY CANDIQUIK CYTRYNOWO MIGDAŁOWYCH:

h) Rozpuść CandiQuik zgodnie z instrukcją na opakowaniu. Zwykle polega to na podgrzewaniu go w kuchence mikrofalowej w 30-sekundowych odstępach, aż do całkowitego stopienia.
i) W misce wymieszaj roztopiony CandiQuik z sokiem z cytryny i cukrem pudrem. Mieszaj, aż masa będzie gładka i dobrze połączona.
j) Zanurzaj każdy schłodzony pączek w glazurze cytrynowo-migdałowej CandiQuik, tak aby równomiernie ją pokrył.
k) Posyp posiekanymi migdałami wierzch glazurowanych pączków, aby dodać smaku i konsystencji.
l) Przed podaniem poczekaj, aż glazura zastygnie.

60. Ciasto lodowe CandiQuik

SKŁADNIKI:
DO SKORUPY:
- 2 szklanki okruszków krakersów graham
- ½ szklanki roztopionego, niesolonego masła
- ¼ szklanki granulowanego cukru

DO WYPEŁNIENIA:
- 1 opakowanie CandiQuik (lakier cukierkowy o smaku waniliowym)
- 1 kwarta (około 4 filiżanek) ulubionego smaku lodów

NA DODATKI (OPCJONALNIE):
- Bita śmietana
- Sos czekoladowy
- Posiekane orzechy
- Posypka
- Wiśnie Maraskino

INSTRUKCJE:
DO SKORUPY:
a) W misce wymieszaj okruchy krakersów graham, roztopione masło i cukier granulowany. Mieszaj, aż okruchy będą równomiernie pokryte.
b) Wciśnij mieszaninę na dno i boki formy do ciasta, aby uformować skórkę.
c) Włóż spód do lodówki, aby się schłodził na czas przygotowywania nadzienia.

DO WYPEŁNIENIA:
d) Rozpuść CandiQuik zgodnie z instrukcją na opakowaniu. Zwykle polega to na podgrzewaniu go w kuchence mikrofalowej w 30-sekundowych odstępach, aż do całkowitego stopienia.
e) Poczekaj, aż roztopiony CandiQuik lekko ostygnie.
f) Łyżką zmiękczone lody wyłóż na spód krakersa graham, równomiernie je rozprowadzając.
g) Wlać roztopiony CandiQuik na lody, tworząc gładką i błyszczącą powłokę.
h) Włóż ciasto do zamrażarki i pozostaw na co najmniej 2-3 godziny lub do momentu, aż CandiQuik stwardnieje.

NA DODATKI (OPCJONALNIE):
i) Przed podaniem dodaj ulubione dodatki takie jak bita śmietana, sos czekoladowy, posiekane orzechy, posypka i wiśnie maraschino.
j) Pokrój i podawaj ciasto lodowe CandiQuik na zimno.

61. Ciasto Pączki Z Czekoladą I Prażonymi Kokosami

SKŁADNIKI:

- 2 filiżanki mąki uniwersalnej
- ¾ szklanki cukru
- 2 łyżeczki proszku do pieczenia
- ½ łyżeczki soli
- ¾ szklanki maślanki
- 1 łyżeczka ekstraktu waniliowego
- 1 łyżeczka pasty waniliowej (lub ziarenka z jednej laski wanilii)
- 2 jajka
- 2 łyżki masła, roztopionego
- 8 uncji czekoladowej powłoki CandiQuik
- ½ szklanki prażonych kokosów

INSTRUKCJE:

a) Rozgrzej piekarnik do 350°F. Spryskaj formę do pieczenia pączków nieprzywierającym sprayem do gotowania.
b) W dużej misce wymieszaj mąkę, cukier, proszek do pieczenia i sól.
c) Dodaj maślankę, jajka, wanilię i masło i ubijaj, aż składniki się połączą.
d) Nałóż łyżką ciasto do rękawa cukierniczego (lub plastikowego worka z odciętym jednym rogiem); Wylać do formy na pączki, wypełniając każde wgłębienie do około ¾ wysokości.
e) Piec przez 10-12 minut lub do momentu, aż wierzch odbije się po dotknięciu. Ostudzić.
f) Rozpuść czekoladowe CandiQuik w roztopionym pojemniku i przygotuj tackę do kuchenki mikrofalowej zgodnie z instrukcją na opakowaniu.
g) Wierzch pączków zanurzamy w polewie czekoladowej i posypujemy prażonymi wiórkami kokosowymi. Natychmiast podawaj.

WYSKAKUJE

62. Bananowe Popy Zbożowe

SKŁADNIKI:
- 1 (16 uncji) opakowanie Vanilla CandiQuik Coating
- 4-5 szklanek płatków truskawkowo-kukurydzianych, pokruszonych
- 6 bananów
- Patyki/szpikulce do lodów

INSTRUKCJE:
a) Obierz i pokrój banany na 4-5-calowe kawałki.
b) Każdy kawałek banana przyciśnij do patyczka do lodów i włóż do zamrażarki na 15-20 minut.
c) Rozpuść waniliowy CandiQuik w roztopionym pojemniku i przygotuj tackę do kuchenki mikrofalowej zgodnie z instrukcją na opakowaniu.
d) Trzymając banana pop, zanurz go bezpośrednio w tacce Vanilla CandiQuik i za pomocą łyżki całkowicie przykryj banana.
e) Natychmiast obtocz banana w pokruszonych płatkach śniadaniowych. Umieścić na papierze woskowanym.

63. CandiQuik Truffula Tree Cake Pops

SKŁADNIKI:
NA CAKE POPS:
- 1 opakowanie ulubionej mieszanki ciast (plus składniki wymienione na opakowaniu, np. jajka, olej, woda)
- ½ szklanki kremu maślanego (kupnego lub domowej roboty)
- Patyczki do lizaków

DO POWŁOKI:
- 1 opakowanie CandiQuik (lakier cukierkowy o smaku waniliowym)
- Różne żywe barwniki spożywcze (dla kolorów drzewa Truffula)
- Jadalne kolorowe cukry lub posypki (na korony drzew)

INSTRUKCJE:
NA CAKE POPS:
a) Rozgrzej piekarnik zgodnie z instrukcją dotyczącą ciasta. Natłuszczamy i oprószamy mąką formę do pieczenia ciasta.
b) Przygotuj masę ciasta zgodnie z instrukcją na opakowaniu.
c) Upiecz ciasto zgodnie z instrukcją i pozostaw do całkowitego ostygnięcia.
d) Gdy ciasto ostygnie, w dużej misce pokruszyć je na drobne okruszki.
e) Do okruszków ciasta dodać krem maślany i wymieszać, aż składniki dobrze się połączą. Mieszanka powinna mieć konsystencję ciasta.
f) Z powstałej mieszanki uformuj małe kulki wielkości popu i umieść je na blasze wyłożonej pergaminem.
g) Włóż patyczki do lizaków do każdej kulki, aby utworzyć ciasto na patyku.

DO POWŁOKI:
h) CandiQuik połam na kawałki i umieść w żaroodpornej misce. Rozpuść CandiQuik zgodnie z instrukcją na opakowaniu. Zwykle polega to na podgrzewaniu go w kuchence mikrofalowej w 30-sekundowych odstępach, aż do całkowitego stopienia.
i) Rozpuść roztopiony CandiQuik w mniejszych miseczkach i do każdej dodaj inny żywy barwnik spożywczy, aby odzwierciedlić różne kolory drzew Truffula.
j) Zanurz każdy popcorn w kolorowym CandiQuik, zapewniając równomierną powłokę.

k) Zanim powłoka stwardnieje, posyp wierzch każdego ciasta popowymi jadalnymi kolorowymi cukrami lub posypką, aby przypominały czubaty wierzchołek drzewa Truffula.
l) Przed podaniem poczekaj, aż powłoka CandiQuik całkowicie stwardnieje.

64. CandiQuik Popsy z ryżem i indykiem Krispie

SKŁADNIKI:
DO RYŻOWYCH KRISPIE PRZYSMAKÓW:
- 6 filiżanek płatków zbożowych Rice Krispies
- 4 szklanki mini pianek marshmallow
- 3 łyżki niesolonego masła
- Pomarańczowy i żółty barwnik spożywczy (w żelu lub płynie)

DO DEKORACJI:
- 1 opakowanie CandiQuik (lakier cukierkowy o smaku waniliowym)
- Cukierkowe oczy
- Cukierkowa kukurydza
- Sznurówki ze skóry z czerwonych owoców lub lukrecji (do plecionki)

INSTRUKCJE:
DO RYŻOWYCH KRISPIE PRZYSMAKÓW:
a) W dużym rondlu roztapiamy masło na małym ogniu.
b) Dodaj mini pianki marshmallow do roztopionego masła i mieszaj, aż całkowicie się rozpuszczą i będą gładkie.
c) Zdejmij rondelek z ognia i dodaj kilka kropli pomarańczowego i żółtego barwnika spożywczego, aby uzyskać kolor piór indyczych. Mieszaj, aż dobrze się połączą.
d) Szybko dodaj płatki Rice Krispies, aż równomiernie pokryją się mieszanką pianek marshmallow.
e) Wciśnij kolorową mieszankę Rice Krispie do natłuszczonej patelni o wymiarach 9 x 13 cali. Pozwól mu ostygnąć i ustawić.
f) Po całkowitym ostygnięciu przysmaków Rice Krispie użyj foremki do ciastek w kształcie indyka lub wytnij nożem kształty indyka.

DO DEKORACJI:
g) Rozpuść CandiQuik zgodnie z instrukcją na opakowaniu. Zwykle polega to na podgrzewaniu go w kuchence mikrofalowej w 30-sekundowych odstępach, aż do całkowitego stopienia.
h) Zanurz górną część każdego przysmaku Rice Krispie w kształcie indyka w roztopionym CandiQuik, pozwalając, aby nadmiar spłynął.
i) Umieść cukierkowe oczka na roztopionej powleczonej CandiQuik części każdego indyka.

j) Przymocuj kukurydzę cukrową do dolnej części indyka, aby przedstawić pióra.
k) Wytnij małe kawałki czerwonej skóry owocowej lub sznurków lukrecjowych i przymocuj je pod kukurydzą cukrową jako altanka indycza.
l) Przed podaniem poczekaj, aż powłoka CandiQuik całkowicie stwardnieje.

65. CandiQuik S'more Pops

SKŁADNIKI:
- Pianki
- Krakersy Graham, pokruszone
- 1 opakowanie CandiQuik (lakier cukierkowy o smaku waniliowym)
- Patyczki do lizaków
- Mini chipsy czekoladowe lub kawałki czekolady
- Opcjonalnie: pokruszone orzechy lub posypka do posypania

INSTRUKCJE:
a) Blachę do pieczenia wyłóż papierem pergaminowym.
b) Włóż patyczki lizaków do pianek marshmallow, upewniając się, że są dobrze zamocowane, ale nie przebijają.
c) CandiQuik połam na kawałki i umieść w żaroodpornej misce. Rozpuść CandiQuik zgodnie z instrukcją na opakowaniu. Zwykle polega to na podgrzewaniu go w kuchence mikrofalowej w 30-sekundowych odstępach, aż do całkowitego stopienia.
d) Zanurz każdą piankę marshmallow w roztopionym CandiQuiku, upewniając się, że jest równomiernie pokryta.
e) Pozwól, aby nadmiar powłoki spłynął, a następnie zwiń powleczoną piankę marshmallow w pokruszonych krakersach graham. Dociśnij krakersy graham do pianek marshmallow, aby je przykleiły.
f) Połóż powlekaną piankę marshmallow na przygotowanej blasze do pieczenia.
g) Przed zastygnięciem polewy CandiQuik wciśnij w polewę mini kawałki czekolady lub kawałki czekolady, tak aby przypominały czekoladową warstwę s'more.
h) Opcjonalnie: W razie potrzeby posyp mokrą polewę CandiQuik kruszonymi orzechami lub kolorową posypką, aby uzyskać dodatkową teksturę i dekorację.
i) Pozwól, aby powłoka CandiQuik całkowicie stwardniała.
j) Po związaniu Twoje CandiQuik S'more Pops są gotowe do spożycia!

66. CandiQuik Poppersy do winogron

SKŁADNIKI:

- Czerwone lub zielone winogrona bez pestek
- 1 opakowanie CandiQuik (lakier cukierkowy o smaku waniliowym)
- Drewniane szaszłyki lub wykałaczki
- Opcjonalnie: do dekoracji kolorowa posypka lub jadalny brokat

INSTRUKCJE:

a) Umyj i dokładnie osusz winogrona. Upewnij się, że są całkowicie suche, aby ułatwić przyleganie powłoki CandiQuik.

b) Blachę do pieczenia wyłóż papierem pergaminowym.

c) CandiQuik połam na kawałki i umieść w żaroodpornej misce. Rozpuść CandiQuik zgodnie z instrukcją na opakowaniu. Zwykle polega to na podgrzewaniu go w kuchence mikrofalowej w 30-sekundowych odstępach, aż do całkowitego stopienia.

d) Nabij każde winogrono drewnianym szpikulcem lub wykałaczką, pozostawiając wystarczająco dużo miejsca, aby utrzymać szpikulec.

e) Zanurz każde winogrono w roztopionym CandiQuiku, upewniając się, że jest całkowicie nim pokryte. Możesz użyć łyżki, aby równomiernie pokryć winogrona.

f) Pozwól, aby nadmiar powłoki CandiQuik spłynął i połóż powlekane winogrona na wyłożonej papierem do pieczenia blasze.

g) Opcjonalnie: Gdy polewa CandiQuik jest jeszcze mokra, posyp wierzch kolorową posypką lub jadalnym brokatem, aby uzyskać efekt dekoracyjny.

h) Powtarzaj proces, aż wszystkie winogrona zostaną pokryte i udekorowane.

i) Przed podaniem poczekaj, aż powłoka CandiQuik całkowicie stwardnieje.

j) Podawaj Grape Poppers na talerzu lub w ozdobnym pojemniku.

67. CandiQuik Magic Rainbow Krispie Pops

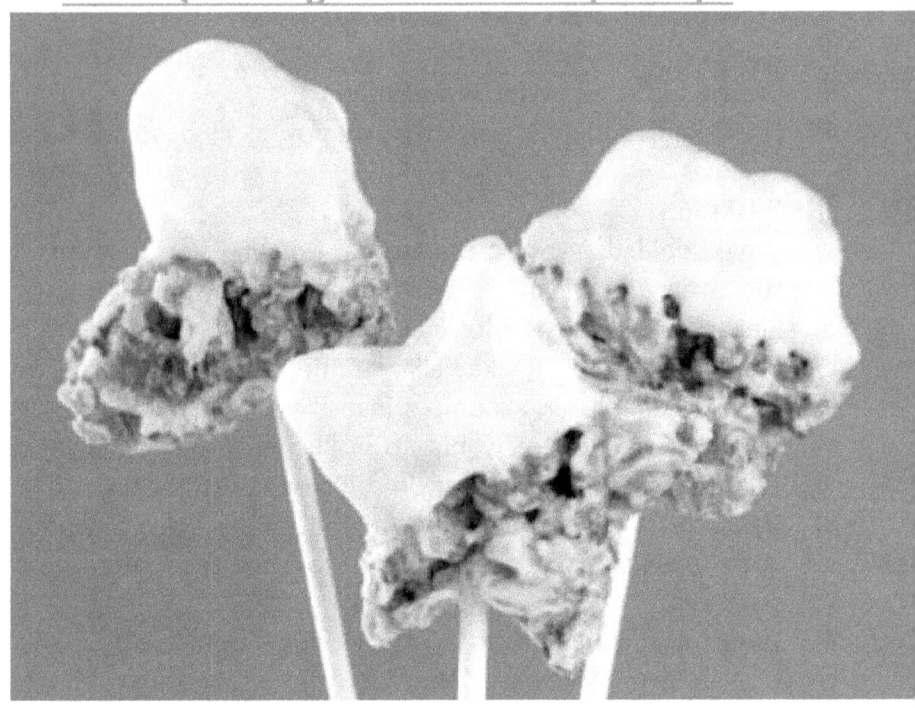

SKŁADNIKI:
- 6 szklanek chrupiących płatków ryżowych
- ¼ szklanki niesolonego masła
- 1 opakowanie (10 uncji) mini pianek marshmallow
- 1 łyżeczka ekstraktu waniliowego
- Tęczowy barwnik spożywczy (czerwony, pomarańczowy, żółty, zielony, niebieski, fioletowy)
- Patyczki do lizaków
- 1 opakowanie CandiQuik (lakier cukierkowy o smaku waniliowym)
- Jadalny brokat lub kolorowa posypka (opcjonalnie)

INSTRUKCJE:
DLA MAGICZNYCH TĘCZOWYCH PRZYSMAKÓW KRISPIE:
a) W dużym rondlu rozpuść niesolone masło na małym ogniu.
b) Dodaj mini pianki marshmallow do roztopionego masła i mieszaj, aż całkowicie się rozpuszczą i będą gładkie.
c) Zdejmij rondelek z ognia i dodaj ekstrakt waniliowy.
d) Podziel chrupiące płatki ryżowe do sześciu oddzielnych misek.
e) Do każdej miski dodaj kilka kropel barwnika spożywczego w innym kolorze, aby uzyskać tęczowe spektrum (czerwony, pomarańczowy, żółty, zielony, niebieski, fioletowy). Mieszaj, aż kolor będzie równomiernie rozłożony.
f) Dodaj roztopioną mieszankę pianek marshmallow do każdej miski, jeden kolor na raz i mieszaj, aby całkowicie pokryć płatki każdym kolorem.
g) Ułóż różne kolorowe mieszanki w natłuszczonej formie do pieczenia o wymiarach 9 x 13 cali, mocno dociskając każdą warstwę.
h) Pozwól, aby tęczowe chrupiące smakołyki ostygły i całkowicie stwardniały.
i) Po ustawieniu pokrój smakołyki na kwadraty lub użyj foremki do ciastek w kształcie tęczy, aby utworzyć tęczowe kształty.

DLA MAGICZNYCH TĘCZOWYCH KRISPIE POPS:
j) Włóż patyczki lizaków do każdego tęczowego chrupiącego przysmaku, aby stworzyć popy.

k) CandiQuik połam na kawałki i umieść w żaroodpornej misce. Rozpuść CandiQuik zgodnie z instrukcją na opakowaniu. Zwykle polega to na podgrzewaniu go w kuchence mikrofalowej w 30-sekundowych odstępach, aż do całkowitego stopienia.
l) Zanurz każdy tęczowy chrupiący pop w roztopionym CandiQuik, zapewniając równą powłokę.
m) Opcjonalnie: Gdy polewa CandiQuik jest jeszcze mokra, posyp wierzch jadalnym brokatem lub kolorową posypką, aby uzyskać magiczny efekt.
n) Połóż powlekane tęczowe chrupiące popy na wyłożonej pergaminem tacy.
o) Przed podaniem poczekaj, aż powłoka CandiQuik całkowicie stwardnieje.

68. CandiQuik Lizaki z kawałkami czekolady i ciasteczkami

SKŁADNIKI:
- Ciasto czekoladowe na ciasteczka (domowe lub kupne)
- 1 opakowanie CandiQuik (lakier cukierkowy o smaku waniliowym)
- Pałeczki do lizaków lub patyczki do ciastek

INSTRUKCJE:
a) Rozgrzej piekarnik zgodnie z przepisem na ciasto z kawałkami czekolady lub instrukcją na opakowaniu.
b) Przygotuj ciasto na ciasteczka czekoladowe zgodnie z przepisem lub instrukcją na opakowaniu.
c) Łyżeczką lub wałkiem ciasto na małe kulki o jednakowej wielkości.
d) Włóż patyczek do lizaków lub patyczek do ciastek do każdej kulki ciasta, upewniając się, że jest bezpiecznie na swoim miejscu.
e) Ułóż ciasteczka na wyłożonej pergaminem blasze do pieczenia, zostawiając odstępy między nimi.
f) Upiecz ciasteczka popowe zgodnie z przepisem na ciasto czekoladowe lub instrukcją na opakowaniu. Pozwól im całkowicie ostygnąć.
g) CandiQuik połam na kawałki i umieść w żaroodpornej misce. Rozpuść CandiQuik zgodnie z instrukcją na opakowaniu. Zwykle polega to na podgrzewaniu go w kuchence mikrofalowej w 30-sekundowych odstępach, aż do całkowitego stopienia.
h) Zanurz każdy schłodzony ciasteczko w roztopionym CandiQuiku, upewniając się, że jest całkowicie pokryty.
i) Pozwól, aby nadmiar powłoki CandiQuik spłynął, a następnie umieść powlekane ciasteczka na blasze wyłożonej pergaminem.
j) Pozwól, aby powłoka CandiQuik całkowicie stwardniała.
k) Po zastygnięciu lizaki z kawałkami czekolady są gotowe do spożycia!

69.CandiQuik Wyskakujące ciasteczka z indykiem

SKŁADNIKI:
- Okrągłe ciasteczka z cukrem
- 1 opakowanie (16 uncji) CandiQuik Candy Coating
- Cukierkowe oczy
- Cukierkowa kukurydza
- Koronka z czerwonej lukrecji do plecionki

INSTRUKCJE:
a) Rozpuść Candy Coating CandiQuik zgodnie z instrukcją na opakowaniu.
b) Zanurz każde ciasteczko z cukrem w roztopionym CandiQuiku, aby je pokryć.
c) Umieść dwa cukierkowe oczy na pokrytym ciasteczku.
d) Przymocuj kukurydzę cukrową pod oczami, aby utworzyć dziób indyka.
e) Dodaj mały kawałek czerwonej koronki lukrecjowej do plecionki.
f) Przed podaniem pozwól polewie stwardnieć.

70. CandiQuik Miętowe ciasteczka z ciasteczkami

SKŁADNIKI:
- Ciasteczka o smaku miętowym
- 1 opakowanie (16 uncji) CandiQuik Candy Coating
- Pokruszone cukierki miętowe lub laski cukierków do dekoracji
- Patyczki do lizaków

INSTRUKCJE:
a) Przygotuj ciasteczka o smaku miętowym. Jeśli robisz je od podstaw, przed kontynuowaniem upewnij się, że są całkowicie schłodzone.
b) Rozpuść Candy Coating CandiQuik zgodnie z instrukcją na opakowaniu. Do topienia można użyć miski przeznaczonej do kuchenki mikrofalowej lub podwójnego bojlera.
c) Włóż patyczki lizaków do środka każdego miętowego ciasteczka, upewniając się, że są dobrze zamocowane.
d) Zanurz każde ciasteczko w roztopionym CandiQuiku, upewniając się, że całe ciasteczko jest nim pokryte.
e) Pozwól, aby nadmiar powłoki spłynął, a następnie umieść ciasteczka na blasze wyłożonej pergaminem.
f) Gdy polewka jest jeszcze mokra, posyp ją pokruszonymi cukierkami miętowymi lub kawałkami lasek cukrowych, aby uzyskać świąteczny akcent.
g) Pozwól, aby powłoka CandiQuik całkowicie związała się. Możesz przyspieszyć ten proces, wkładając blachę do lodówki.
h) Po zastygnięciu te miętowe lizaki z ciasteczkami są gotowe do podania.
i) Ułóż je w wazonie lub ozdobnym pojemniku, aby stworzyć świąteczną ekspozycję.
j) Podawaj i ciesz się tymi wspaniałymi lizakami CandiQuik Peppermint Cookie Lollipops w okresie świątecznym lub przy każdej specjalnej okazji!

71.CandiQuik Mumia Ciasteczka Pops

SKŁADNIKI:
- Ciasteczka cukrowe (przygotowane według Twojego ulubionego przepisu lub kupione w sklepie)
- 1 opakowanie (16 uncji) CandiQuik Candy Coating
- Cukierkowe oczy

INSTRUKCJE:
a) Rozpuść Candy Coating CandiQuik zgodnie z instrukcją na opakowaniu.
b) Zanurz każde ciasteczko w roztopionym CandiQuiku, aby je pokryć.
c) Pozwól, aby nadmiar powłoki spłynął, a następnie umieść powlekane ciasteczka na blasze wyłożonej pergaminem.
d) Użyj dodatkowego stopionego CandiQuika, aby utworzyć bandaże mumii na każdym ciasteczku.
e) Umieść cukierkowe oczy na powlekanej części.
f) Przed podaniem pozwól polewie stwardnieć.

72. Lizaki Serca

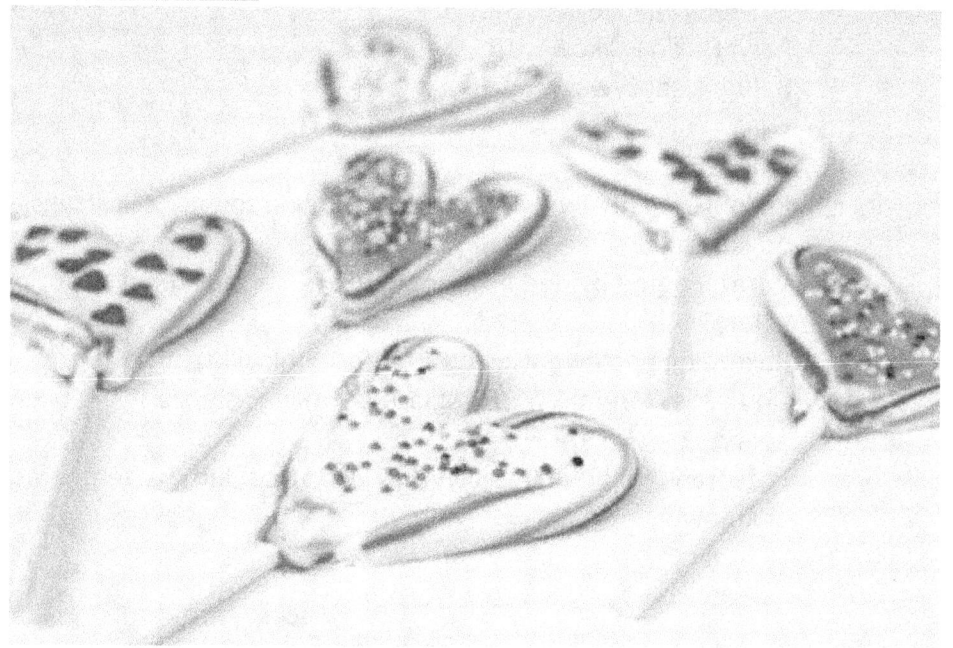

SKŁADNIKI:
- Powłoka waniliowa CandiQuik
- Patyczki do lizaków
- Barwnik spożywczy (opcjonalnie)

INSTRUKCJE:
a) Rozpuść waniliową polewę CandiQuik zgodnie z instrukcją na opakowaniu.
b) W razie potrzeby dodaj barwnik spożywczy, aby uzyskać pożądany kolor.
c) Roztopioną polewę wlewamy do foremek w kształcie serc.
d) Do każdej foremki włóż lizaka, upewniając się, że jest całkowicie pokryty powłoką.
e) Pozostaw lizaki do stężenia w lodówce lub w temperaturze pokojowej.

73. Ciasto Truskawkowe Ciastko Pops

SKŁADNIKI:
NA CIASTO TRUSKAWKOWE:
- 1 opakowanie mieszanki na ciasto truskawkowe (plus składniki wymienione na pudełku)

NA NADZIENIE CIASTA TRUSKAWKOWEGO:
- 1 szklanka pokrojonych w kostkę świeżych truskawek
- 2 łyżki cukru

DO MONTAŻU CAKE POP :
- 1 opakowanie CandiQuik (lakier cukierkowy o smaku waniliowym)
- Pałeczki do lizaków lub patyczki do ciastek
- Kawałki białej czekolady lub roztopione białe cukierki (do dekoracji)
- Posypka lub jadalna dekoracja (opcjonalnie)

INSTRUKCJE:
NA CIASTO TRUSKAWKOWE:
a) Rozgrzej piekarnik zgodnie z instrukcją dotyczącą ciasta truskawkowego.
b) Przygotuj ciasto truskawkowe zgodnie z instrukcją na pudełku.
c) Upiecz ciasto zgodnie z instrukcją i pozostaw do całkowitego ostygnięcia.

NA NADZIENIE CIASTA TRUSKAWKOWEGO:
d) W misce wymieszaj pokrojone w kostkę truskawki z cukrem. Pozostawiamy na około 10 minut, aby zmacerowały i puściły sok.
e) Odcedź truskawki, aby usunąć nadmiar płynu, pozostawiając słodzone kawałki truskawek.

DO MONTAŻU CAKE POP :
f) W dużej misce pokruszyć schłodzone ciasto truskawkowe na drobne okruszki.
g) Do okruchów ciasta dodajemy posłodzone kawałki truskawek i mieszamy aż składniki dobrze się połączą.
h) Z powstałej masy formuj małe kulki i układaj je na blaszce wyłożonej pergaminem.
i) CandiQuik połam na kawałki i umieść w żaroodpornej misce. Rozpuść CandiQuik zgodnie z instrukcją na opakowaniu.

j) Zanurz czubek każdego lizaka w roztopionym CandiQuik i włóż go do kulki ciasta, mniej więcej w połowie. Pomaga to kijowi pozostać na miejscu.
k) Zanurzaj każdy popcorn w roztopionym CandiQuiku, upewniając się, że jest całkowicie pokryty.
l) Pozwól, aby nadmiar powłoki CandiQuik spłynął, a następnie umieść ciasto na patyku wyłożonym papierem pergaminowym.
m) Opcjonalnie: Gdy polewka CandiQuik jest jeszcze mokra, udekoruj cake pops kawałkami białej czekolady lub białymi cukierkami, które przypominają bitą śmietanę. W razie potrzeby dodaj posypkę lub jadalne dekoracje.
n) Pozwól, aby powłoka CandiQuik całkowicie stwardniała.
o) Po stwardnieniu Twoje Strawberry Shortcake Cake Pops są gotowe do spożycia!

74. CandiQuik Key Lime Cake Pops

SKŁADNIKI:

- Key Lime Cake Pops (przygotowane według Twojego ulubionego przepisu lub kupione w sklepie)
- 1 opakowanie (16 uncji) CandiQuik Candy Coating
- Zielony barwnik spożywczy (opcjonalnie)

INSTRUKCJE:

a) Rozpuść Candy Coating CandiQuik zgodnie z instrukcją na opakowaniu.
b) Zanurz każdy popcorn w roztopionym CandiQuiku, aby go pokryć.
c) W razie potrzeby dodaj kilka kropli zielonego barwnika spożywczego do roztopionej powłoki, aby uzyskać kluczowy limonkowy kolor.
d) Przed podaniem pozwól polewie stwardnieć.

PRECELKI

75. CandiQuik Precle Kaktusowe

SKŁADNIKI:
- Paluszki
- 1 opakowanie CandiQuik (lakier cukierkowy o smaku waniliowym)
- Zielony barwnik spożywczy
- Różne posypki lub dekoracje cukierkowe
- Pergamin

INSTRUKCJE:
a) Wyłóż blachę lub blachę do pieczenia papierem pergaminowym.
b) CandiQuik połam na kawałki i umieść w żaroodpornej misce. Rozpuść CandiQuik zgodnie z instrukcją na opakowaniu. Zwykle polega to na podgrzewaniu go w kuchence mikrofalowej w 30-sekundowych odstępach, aż do całkowitego stopienia.
c) Dodaj zielony barwnik spożywczy do roztopionego CandiQuik, mieszając, aż uzyskasz żywy zielony kolor.
d) Zanurz każdy pręt precla w roztopionym zielonym CandiQuik, upewniając się, że jest całkowicie pokryty. W razie potrzeby użyj łyżki, aby pomóc w powlekaniu.
e) Pozwól, aby nadmiar powłoki CandiQuik spłynął, a następnie umieść powlekane precle na papierze pergaminowym.
f) Gdy powłoka CandiQuik jest jeszcze wilgotna, udekoruj precle z kaktusa różnymi posypkami lub dekoracjami z cukierków, aby przypominały kolce kaktusa. Bądź kreatywny i baw się dekoracjami!
g) Pozwól, aby powłoka CandiQuik całkowicie stwardniała.
h) Po ustawieniu Twoje precle z kaktusa są gotowe do spożycia!

76.Precle CandiQuik Ghost

SKŁADNIKI:
- Paluszki
- 1 opakowanie (16 uncji) CandiQuik Candy Coating
- Mini chipsy czekoladowe lub cukierkowe oczy

INSTRUKCJE:
a) Rozpuść Candy Coating CandiQuik zgodnie z instrukcją na opakowaniu.
b) Zanurz każdy pręt precla w roztopionym CandiQuik, całkowicie go pokrywając.
c) Umieść dwa mini kawałki czekolady lub cukierkowe oczy na powleczonej części, aby stworzyć oczy ducha.
d) Przed podaniem pozwól polewie stwardnieć.

77. Precle motylkowe CandiQuik

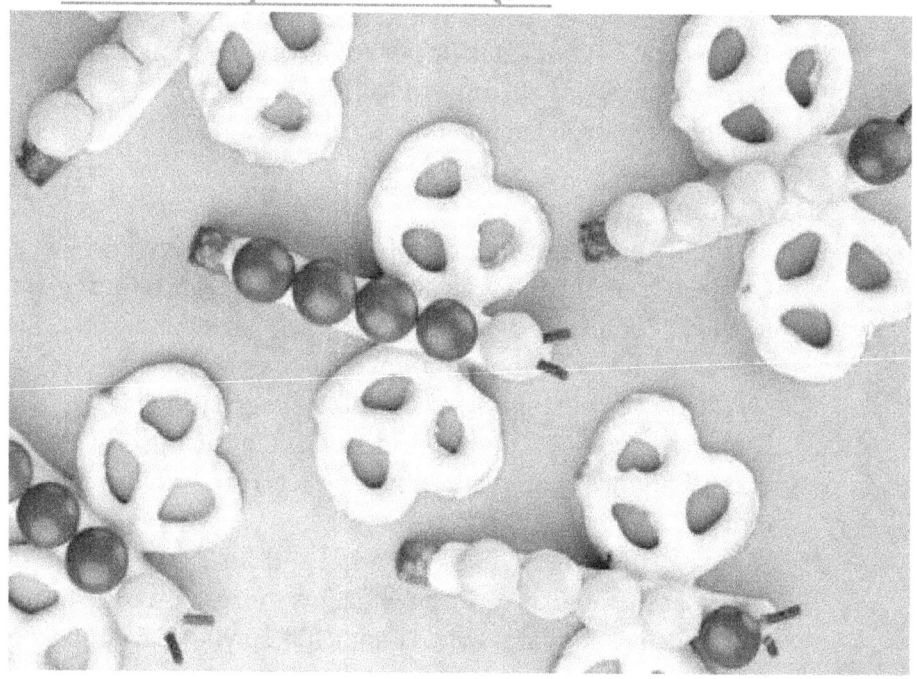

SKŁADNIKI:
- Precle skręcają się
- 1 opakowanie CandiQuik (lakier cukierkowy o smaku waniliowym)
- Barwnik spożywczy (różne kolory)
- Różne posypki lub jadalne dekoracje

INSTRUKCJE:
a) Blachę do pieczenia wyłóż papierem pergaminowym.
b) CandiQuik połam na kawałki i umieść w żaroodpornej misce. Rozpuść CandiQuik zgodnie z instrukcją na opakowaniu. Zwykle polega to na podgrzewaniu go w kuchence mikrofalowej w 30-sekundowych odstępach, aż do całkowitego stopienia.
c) Rozłóż roztopiony CandiQuik do oddzielnych misek i do każdej dodaj barwnik spożywczy, aby uzyskać różne kolory dla swoich motyli.
d) Zanurz każdy precel w kolorowym CandiQuik, upewniając się, że jest całkowicie pokryty. Do powlekania możesz użyć łyżki.
e) Pozwól, aby nadmiar powłoki CandiQuik spłynął, a następnie połóż powlekane precle na blasze wyłożonej papierem do pieczenia.
f) Przed nałożeniem posypki CandiQuik dodaj różne posypki lub jadalne dekoracje, aby stworzyć skrzydła i ciało motyla. Możesz wykazać się kreatywnością dzięki projektom.
g) Pozwól, aby powłoka CandiQuik całkowicie stwardniała.
h) Po zastygnięciu precle motylkowe są gotowe do spożycia!

78. CandiQuik Shamrock

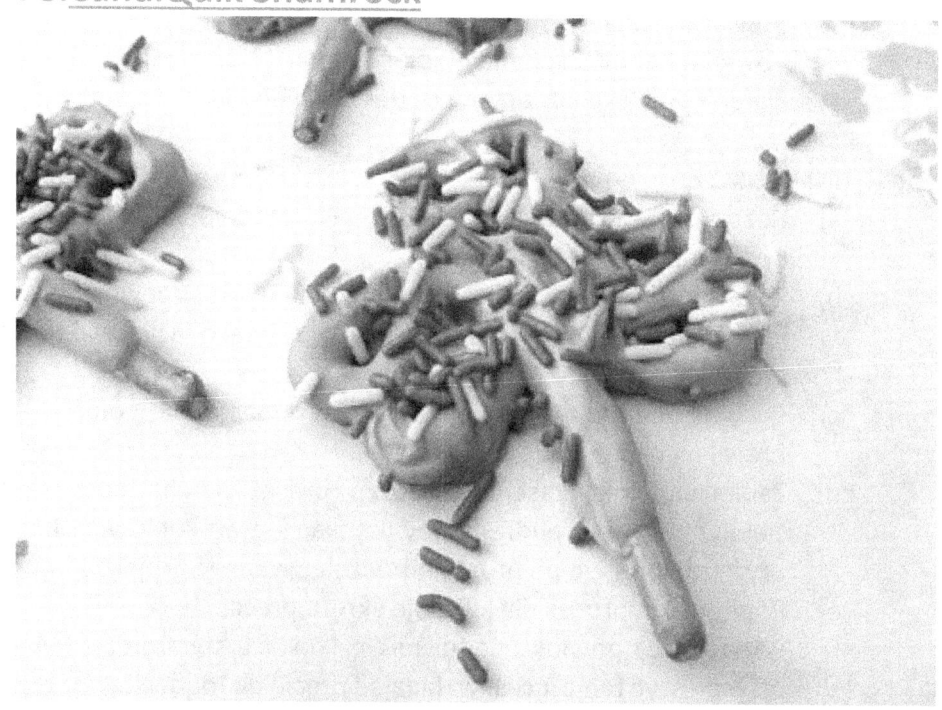

SKŁADNIKI:
- Precle skręcają się
- Powłoka CandiQuik Candy (kolor zielony)
- Zielona posypka lub zielony cukier do mielenia

INSTRUKCJE:
a) Rozpuść Candy Coating CandiQuik zgodnie z instrukcją na opakowaniu.
b) Zanurz każdy precel w roztopionym CandiQuiku, upewniając się, że jest całkowicie nim pokryty. Można do tego użyć widelca lub szczypiec.
c) Pozwól, aby nadmiar powłoki spłynął, a następnie połóż pokryty precel na papierze pergaminowym.
d) Zanim powłoka zastygnie, posyp precel zieloną posypką lub zielonym cukrem pudrem, aby uzyskać kształt koniczyny. Możesz użyć szablonu lub po prostu odręcznie wykonać projekt.
e) Powtórz ten proces dla każdego skrętu precla.
f) Pozwól, aby powłoka CandiQuik całkowicie stwardniała. Możesz przyspieszyć ten proces, wkładając precle do lodówki.
g) Gdy powłoka całkowicie stwardnieje, precle CandiQuik Shamrock będą gotowe do spożycia!

79. Noworoczne precle CandiQuik

SKŁADNIKI:
- Paluszki
- 1 opakowanie (16 uncji) CandiQuik Candy Coating
- Posypka w różnych sylwestrowych kolorach

INSTRUKCJE:

a) Rozpuść Candy Coating CandiQuik zgodnie z instrukcją na opakowaniu. Do topienia można użyć miski przeznaczonej do kuchenki mikrofalowej lub podwójnego bojlera.

b) Zanurz każdy pręt precla w roztopionym CandiQuik, równomiernie go pokrywając. W razie potrzeby użyj łyżki lub szpatułki, aby pomóc w rozprowadzeniu powłoki.

c) Pozwól, aby nadmiar powłoki spłynął, a następnie umieść powlekane precle na tacy wyłożonej pergaminem.

d) Przed zastygnięciem posyp precle preclami posypką sylwestrową. Możesz użyć różnych kolorów i kształtów, aby nadać im świąteczny charakter.

e) Pozwól, aby powłoka CandiQuik całkowicie związała się. Możesz przyspieszyć ten proces, wkładając blachę do lodówki.

f) Po zastygnięciu ułóż noworoczne precle na półmisku lub w ozdobnych pojemnikach.

g) Podawaj i ciesz się tymi słodko-słonymi przysmakami podczas sylwestrowej uroczystości!

80.CandiQuik z króliczkiem

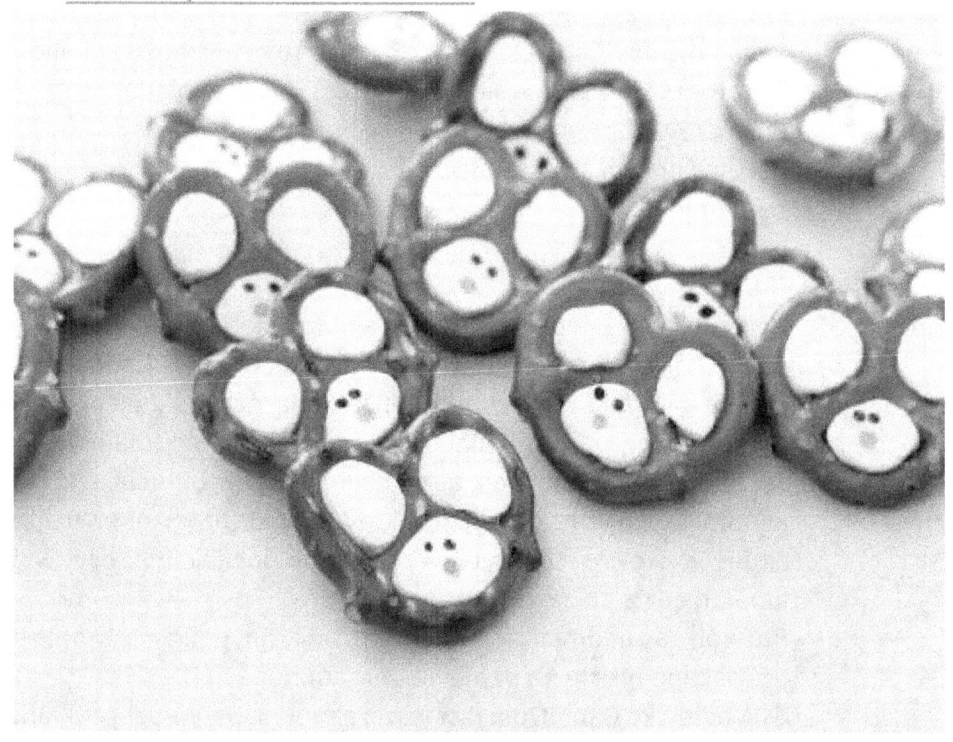

SKŁADNIKI:
- Precle skręcają się
- 1 opakowanie CandiQuik (lakier cukierkowy o smaku waniliowym)
- Różowe cukierki topią się lub różowa biała czekolada
- Cukierkowe oczy
- Różowa posypka w kształcie serca (na nos)
- Pergamin

INSTRUKCJE:
a) Wyłóż blachę lub blachę do pieczenia papierem pergaminowym.
b) CandiQuik połam na kawałki i umieść w żaroodpornej misce. Rozpuść CandiQuik zgodnie z instrukcją na opakowaniu. Zwykle polega to na podgrzewaniu go w kuchence mikrofalowej w 30-sekundowych odstępach, aż do całkowitego stopienia.
c) Zanurzaj każdy precel w roztopionym CandiQuiku, upewniając się, że jest całkowicie pokryty. Aby ułatwić powlekanie, użyj widelca lub narzędzia do zanurzania.
d) Pozwól, aby nadmiar powłoki CandiQuik spłynął, a następnie połóż powlekane precle na papierze pergaminowym.
e) Gdy polewka CandiQuik jest jeszcze mokra, przymocuj cukierkowe oczka na wierzchu każdego powlekanego precla. Niewielką ilość roztopionego CandiQuika możesz użyć jako „kleju" do oczu.
f) Umieść różową posypkę w kształcie serca pod oczami, aby stworzyć nos króliczka.
g) Zanurz wykałaczkę lub małe naczynie w różowym roztopionym cukierku lub różowej białej czekoladzie i użyj go, aby narysować uszy króliczka na wierzchu każdego powlekanego precla.
h) Pozwól, aby powłoka cukierka całkowicie stwardniała.
i) Po ustawieniu Twoje królicze precle są gotowe do spożycia!

81. CandiQuik Karmelowe precle

SKŁADNIKI:
- Kwadraty precli lub mini precle
- 1 opakowanie polewy waniliowej CandiQuik
- 1 szklanka cukierków karmelowych, nieopakowanych
- 2 łyżki mleka

INSTRUKCJE:
a) Rozpuść polewę waniliową CandiQuik zgodnie z instrukcją na opakowaniu.
b) Zanurz każdy kwadrat lub mini precel w roztopionej polewie waniliowej, upewniając się, że jest dobrze pokryty.
c) Zanim ułożysz powlekane precle na blaszce wyłożonej papierem pergaminowym, poczekaj, aż nadmiar powłoki ocieknie.
d) W osobnej misce rozpuść cukierki karmelowe z mlekiem na gładką masę.
e) Posmaruj roztopionym karmelem precle pokryte wanilią.
f) Pozostawić polewę i karmel do zastygnięcia w temperaturze pokojowej lub w lodówce.
g) Po zastygnięciu podawaj i ciesz się pysznymi karmelowymi preclami CandiQuik.

KORA I KLASTERY

82.CandiQuik Kora mięty pieprzowej

SKŁADNIKI:

- 1 opakowanie (16 uncji) CandiQuik Candy Coating (biała czekolada)
- ½ łyżeczki ekstraktu z mięty pieprzowej
- Zmiażdżone laski cukierków lub cukierki miętowe

INSTRUKCJE:

a) Blachę do pieczenia wyłóż papierem pergaminowym.
b) W misce, którą można używać w kuchence mikrofalowej lub przy użyciu podwójnego bojlera, rozpuść CandiQuik Candy Coating zgodnie z instrukcją na opakowaniu.
c) Po rozpuszczeniu dodać ekstrakt mięty pieprzowej, upewniając się, że dobrze połączył się z białą czekoladą.
d) Na przygotowaną blachę do pieczenia wylać roztopiony CandiQuik, rozprowadzając szpatułką równą warstwą.
e) Posyp pokruszonymi laskami cukierków lub cukierkami miętowymi roztopioną białą czekoladę, lekko je dociskając, aby się przykleiły.
f) Pozwól, aby kora mięty ostygła i całkowicie zestaliła. Możesz przyspieszyć ten proces, wkładając go do lodówki.
g) Po stwardnieniu połam korę mięty pieprzowej na mniejsze kawałki.
h) Przechowuj CandiQuik Peppermint Bark w szczelnym pojemniku w temperaturze pokojowej lub w lodówce.
i) Podawaj i ciesz się tym świątecznym i słodkim poczęstunkiem!

83.Kora kowbojska CandiQuik

SKŁADNIKI:

- 1 opakowanie CandiQuik (lakier cukierkowy o smaku waniliowym)
- 1 szklanka mini precli
- 1 szklanka solonych krakersów, połamanych na kawałki
- ½ szklanki kawałków toffi
- ½ szklanki prażonych i solonych orzeszków ziemnych
- ¼ szklanki mini chipsów czekoladowych
- ¼ szklanki kawałków mlecznej czekolady
- Sól morska do posypania (opcjonalnie)

INSTRUKCJE:

a) Blachę do pieczenia wyłóż papierem pergaminowym.
b) CandiQuik połam na kawałki i umieść w żaroodpornej misce. Rozpuść CandiQuik zgodnie z instrukcją na opakowaniu. Zwykle polega to na podgrzewaniu go w kuchence mikrofalowej w 30-sekundowych odstępach, aż do całkowitego stopienia.
c) W dużej misce wymieszaj mini precle, solone krakersy, kawałki toffi, prażone orzeszki ziemne, mini chipsy czekoladowe i kawałki mlecznej czekolady.
d) Wlać roztopiony CandiQuik do suchych składników i mieszać, aż wszystko będzie dobrze pokryte.
e) Rozłóż mieszaninę równomiernie na przygotowanej blasze do pieczenia.
f) Opcjonalnie: Posyp wierzch odrobiną soli morskiej, aby uzyskać kontrast smaku słodko-słonego.
g) Pozwól, aby kora kowbojska ostygła i całkowicie stwardniała. Możesz przyspieszyć ten proces, wkładając go do lodówki.
h) Po całkowitym stwardnieniu połam kowbojską korę na kawałki wielkości kęsa.
i) Przechowuj korę kowbojską w szczelnym pojemniku w temperaturze pokojowej.

84. Miętowa Kora Ciasteczka

SKŁADNIKI:
- 1 (16 uncji) opakowanie Vanilla CandiQuik Coating
- ¾ szklanki miętowych ciasteczek OREO, pokruszonych na duże kawałki
- Zielone posypki

INSTRUKCJE:
a) Rozpuść waniliową powłokę CandiQuik w stopieniu i przygotuj tackę do kuchenki mikrofalowej zgodnie ze wskazówkami na opakowaniu.
b) Dodaj ½ szklanki posiekanych ciasteczek OREO na tacę i wymieszaj, aby połączyć. Wlać mieszaninę na duży arkusz woskowanego papieru. Za pomocą szpatułki wygładź równomiernie do grubości około ¼ cala.
c) Posyp pozostałą ¼ szklanki pokruszonych ciasteczek i zieloną posypką na wierzchu. Schładzaj przez około 10 minut lub do całkowitego stężenia.
d) Po stężeniu pokroić lub podzielić na kawałki.
e) Można również rozprowadzić mieszaninę kory na dużym arkuszu papieru woskowanego na płaskiej powierzchni.

85. Klastry Cynamonowo-Żurawinowo-Orzechowe

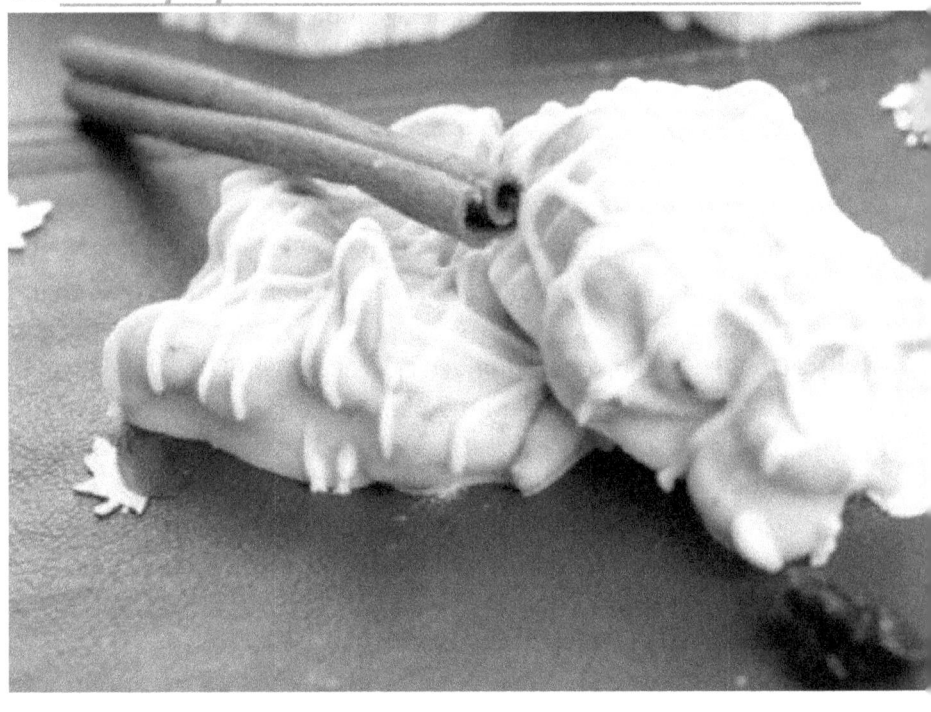

SKŁADNIKI:

- 1 (16 uncji) opakowanie Vanilla CandiQuik Candy Coating
- 1 łyżeczka cynamonu
- 1 ¼ szklanki mieszanych orzechów
- ¼ szklanki suszonej żurawiny

INSTRUKCJE:

a) Rozpuść waniliową powłokę CandiQuik na tacy do kuchenki mikrofalowej Melt and Make™ zgodnie z instrukcją na opakowaniu.
b) Dodaj cynamon do roztopionego CandiQuik; dodaj więcej lub mniej do swoich preferencji smakowych.
c) Wlać zmieszane orzechy i suszoną żurawinę bezpośrednio na tacę z panierką; wymieszać do pokrycia.
d) Wrzucaj łyżką na woskowany papier, tworząc grona; niech ustawione.

86. Czekoladowa Kora Migdałów

SKŁADNIKI:

- 1 opakowanie polewy czekoladowej CandiQuik
- 1 szklanka posiekanych migdałów
- ½ łyżeczki ekstraktu migdałowego

INSTRUKCJE:

a) Rozpuść polewę czekoladową CandiQuik zgodnie z instrukcją na opakowaniu.
b) Wymieszaj posiekane migdały i ekstrakt migdałowy, aż dobrze się połączą.
c) Powstałą masę wylewamy na blachę wyłożoną papierem pergaminowym, równomiernie rozprowadzając.
d) Pozostawić do ostygnięcia i stwardnienia w temperaturze pokojowej lub w lodówce.
e) Po stwardnieniu połam korę na kawałki i ciesz się smakiem!

87. Kora klastra czekolady owocowo-orzechowej

SKŁADNIKI:

- 1 opakowanie polewy czekoladowej CandiQuik
- ½ szklanki suszonej żurawiny
- ½ szklanki posiekanych pistacji
- ½ szklanki wiórków kokosowych

INSTRUKCJE:

a) Rozpuść polewę czekoladową CandiQuik zgodnie z instrukcją na opakowaniu.
b) Wymieszaj suszoną żurawinę, posiekane pistacje i wiórki kokosowe, aż dobrze się rozprowadzą.
c) Powstałą masę wylewamy na blachę wyłożoną papierem pergaminowym, równomiernie rozprowadzając.
d) Pozostawić do ostygnięcia i stwardnienia w temperaturze pokojowej lub w lodówce.
e) Po zastygnięciu połam korę na kawałki i delektuj się zachwycającą kombinacją smaków.

88. Solone Żółwie Karmelowe i Pekanowe

SKŁADNIKI:
- CandiQuik (o smaku karmelowym)
- Połówki pekanów
- Sól morska

INSTRUKCJE:
a) Rozpuść CandiQuik o smaku karmelowym zgodnie z instrukcją na opakowaniu.
b) Ułóż pęczki połówek orzechów pekan na blaszce wyłożonej papierem pergaminowym.
c) Nałóż łyżką roztopiony CandiQuik na każdy gron, upewniając się, że orzechy pekan są przykryte.
d) Posyp każdego żółwia szczyptą soli morskiej.
e) Przed podaniem poczekaj, aż CandiQuik stwardnieje.

MIESZANKI PRZEkąSKOWE

89. Churro Chow

SKŁADNIKI:

- 8 szklanek chrupiących płatków ryżowych (takich jak Rice Chex)
- 1 opakowanie CandiQuik (lakier cukierkowy o smaku waniliowym)
- ½ szklanki niesolonego masła
- ¼ szklanki granulowanego cukru
- 1 łyżeczka mielonego cynamonu
- ½ łyżeczki ekstraktu waniliowego
- 1 ½ szklanki cukru pudru
- Dodatkowo mielony cynamon do posypania

INSTRUKCJE:

a) Do dużej miski włóż chrupiące płatki zbożowe ryżowe. Odłożyć na bok.
b) W średniej wielkości rondlu rozpuść CandiQuik i masło na małym ogniu. Często mieszaj, aby uniknąć przypalenia.
c) Gdy się rozpuści, dodaj do rondla cukier granulowany, mielony cynamon i ekstrakt waniliowy. Mieszaj, aż cukier się rozpuści, a mieszanina dobrze się połączy.
d) Wlać roztopioną mieszaninę CandiQuik na chrupiące kwadraty płatków ryżowych, upewniając się, że są równomiernie pokryte. Za pomocą szpatułki delikatnie wymieszaj i pokryj płatki.
e) Do dużej torebki zapinanej na zamek dodaj cukier puder. Przenieś posypane płatki zbożowe do torby.
f) Zamykamy torebkę i energicznie nią potrząsamy, tak aby płatki pokryły się cukrem pudrem.
g) Rozłóż Churro Chow na wyłożonej pergaminem blasze do pieczenia, aby ostygła.
h) Po ostygnięciu posyp Churro Chow dodatkowym mielonym cynamonem, aby uzyskać dodatkowy smak.
i) Przechowywać w szczelnym pojemniku.

90.Mieszanka przekąsek CandiQuik Bunny Bait

SKŁADNIKI:
- 1 opakowanie CandiQuik (lakier cukierkowy o smaku waniliowym)
- 4 szklanki prażonego popcornu
- 2 szklanki paluszków precli
- 1 szklanka mini pianek marshmallow
- Pastelowe czekoladki MandM lub inne w polewie cukierkowej
- Posypki o tematyce wielkanocnej

INSTRUKCJE:
a) Dużą blachę do pieczenia wyłóż papierem pergaminowym.
b) W dużej misce wymieszaj prażoną kukurydzę, paluszki precli i mini pianki marshmallow.
c) CandiQuik połam na kawałki i umieść w żaroodpornej misce. Rozpuść CandiQuik zgodnie z instrukcją na opakowaniu. Zwykle polega to na podgrzewaniu go w kuchence mikrofalowej w 30-sekundowych odstępach, aż do całkowitego stopienia.
d) Wlać roztopiony CandiQuik na mieszankę popcornu, używając szpatułki, aby delikatnie wymieszać i równomiernie pokryć składniki.
e) Rozłóż posypaną mieszaninę na przygotowanej blasze do pieczenia równą warstwą.
f) Gdy polewka CandiQuik jest jeszcze mokra, posyp wierzch pastelowymi czekoladkami MandM lub cukierkami.
g) Dodaj posypkę o tematyce wielkanocnej, aby uzyskać dodatkowy świąteczny akcent.
h) Poczekaj, aż Bunny Bait Snack Mix ostygnie, a powłoka CandiQuik całkowicie stwardnieje. Możesz przyspieszyć ten proces, wkładając go do lodówki.
i) Po stwardnieniu połam mieszankę przekąsek na kawałki wielkości kęsa.
j) Przechowywać w szczelnym pojemniku.

91. Mieszanka przekąsek CandiQuik Heart Munch

SKŁADNIKI:
- 1 opakowanie CandiQuik (lakier cukierkowy o smaku waniliowym)
- 4 szklanki chrupiących płatków ryżowych (np. Rice Chex)
- 2 szklanki paluszków precli
- 1 szklanka małych precli
- 1 szklanka cukierków walentynkowych (np. cukierków w kształcie serca, MandM's)
- 1 szklanka suszonej żurawiny lub innego suszonego owocu
- Posypka z motywem walentynkowym

INSTRUKCJE:
a) Dużą blachę do pieczenia wyłóż papierem pergaminowym.
b) CandiQuik połam na kawałki i umieść w żaroodpornej misce. Rozpuść CandiQuik zgodnie z instrukcją na opakowaniu. Zwykle polega to na podgrzewaniu go w kuchence mikrofalowej w 30-sekundowych odstępach, aż do całkowitego stopienia.
c) W dużej misce wymieszaj chrupiące płatki ryżowe, paluszki precli, precle, cukierki z motywem walentynkowym i suszoną żurawinę.
d) Wlać roztopiony CandiQuik na mieszankę przekąsek, używając szpatułki, aby delikatnie wymieszać i równomiernie pokryć składniki.
e) Rozłóż posypaną mieszaninę na przygotowanej blasze do pieczenia równą warstwą.
f) Gdy powłoka CandiQuik jest jeszcze mokra, posyp wierzch posypką z motywem walentynkowym, aby uzyskać świąteczny akcent.
g) Pozwól, aby mieszanka przekąsek Heart Munch Snack Mix ostygła, a powłoka CandiQuik całkowicie stwardniała. Możesz przyspieszyć ten proces, wkładając go do lodówki.
h) Po stwardnieniu połam mieszankę przekąsek na kawałki wielkości kęsa.
i) Przechowywać w szczelnym pojemniku.

92. Klastry CandiQuik Trail Mix

SKŁADNIKI:

- 1 opakowanie CandiQuik (lakier cukierkowy o smaku waniliowym)
- 2 szklanki mieszanki orzechów (migdały, orzechy nerkowca, orzeszki ziemne itp.)
- 1 szklanka paluszków precli, połamanych na małe kawałki
- 1 szklanka suszonych owoców (rodzynki, żurawina, morele itp.)
- 1 szklanka cukierków czekoladowych (MandM's, chipsy czekoladowe itp.)

INSTRUKCJE:

a) W dużej misce wymieszaj wymieszane orzechy, paluszki precli, suszone owoce i cukierki czekoladowe. Wymieszaj je, aby zapewnić równomierne rozłożenie składników.
b) Rozpuść CandiQuik zgodnie z instrukcją na opakowaniu. Zwykle polega to na podgrzewaniu go w kuchence mikrofalowej w 30-sekundowych odstępach, aż do całkowitego stopienia.
c) Wlać roztopiony CandiQuik na składniki mieszanki szlakowej. Dobrze wymieszaj, aby wszystkie składniki były równomiernie pokryte polewą z cukierka.
d) Blachę do pieczenia wyłóż papierem do pieczenia lub matą silikonową.
e) Używając łyżki lub miarki do ciastek, upuść skupiska powlekanej mieszanki szlakowej na przygotowaną blachę do pieczenia.
f) Pozwól klastrom ostygnąć i stwardnieć. Możesz przyspieszyć ten proces, wkładając blachę do pieczenia do lodówki na około 15-20 minut.
g) Gdy grona całkowicie się zetną, zdejmij je z blachy do pieczenia.
h) Przechowuj klastry CandiQuik Trail Mix w szczelnym pojemniku w temperaturze pokojowej.
i) Ciesz się tym słodko-słonym przysmakiem jako przekąską lub pysznym dodatkiem do Twojej mieszanki szlaków!

93. CandiQuik Orange Creamsicle Chow dla szczeniąt

SKŁADNIKI:
- 9 szklanek płatków ryżowych lub kukurydzianych Chex
- 1 szklanka kawałków lub kawałków białej czekolady
- ½ szklanki niesolonego masła
- ¼ szklanki żelatyny w proszku o smaku pomarańczowym (np. Jello)
- 1 łyżeczka ekstraktu waniliowego
- Skórka z jednej pomarańczy (opcjonalnie, dla dodania smaku)
- 2 szklanki cukru pudru
- Barwnik spożywczy pomarańczowy (opcjonalnie, dla uzyskania żywego koloru)

INSTRUKCJE:

a) Odmierz płatki Chex do dużej miski do miksowania.
b) W misce, którą można używać w kuchence mikrofalowej, połącz kawałki lub kawałki białej czekolady z masłem. Podgrzewaj w kuchence mikrofalowej w 30-sekundowych odstępach, mieszając po każdej przerwie, aż mieszanina całkowicie się rozpuści i będzie gładka.
c) Do roztopionej białej czekolady dodaj proszek żelatynowy o smaku pomarańczowym i ekstrakt waniliowy. Jeśli chcesz, dodaj skórkę pomarańczową, aby uzyskać dodatkową porcję cytrusowego smaku.
d) Opcjonalnie dodaj kilka kropli pomarańczowego barwnika spożywczego, aby uzyskać żywy pomarańczowy kolor. Mieszaj, aż dobrze się połączą.
e) Wlać mieszaninę kremu pomarańczowego na płatki Chex, delikatnie mieszając i mieszając, aż wszystkie płatki zostaną równomiernie pokryte.
f) Do dużej zamykanej plastikowej torby dodaj cukier puder.
g) Przełóż posypane płatki Chex do torebki z cukrem pudrem.
h) Zamknij torebkę i energicznie nią potrząsaj, aż płatki całkowicie pokryją się cukrem pudrem.
i) Rozłóż Orange Creamsicle Puppy Chow na wyłożonej pergaminem blasze do pieczenia, aby ostygła i stężała.
j) Po ostygnięciu połamać mieszaninę na kawałki wielkości kęsa.
k) Przechowuj karmę dla szczeniąt Orange Creamsicle w szczelnym pojemniku.
l) Podawaj i ciesz się tą słodką i cytrusową przekąską!

94.Mieszanka przekąsek CandiQuik S'mores

SKŁADNIKI:

- 4 szklanki płatków zbożowych graham
- 2 szklanki mini pianek marshmallow
- 2 szklanki precli w czekoladzie
- 1 szklanka prażonych orzeszków ziemnych
- 1 opakowanie polewy waniliowej CandiQuik
- 1 szklanka kawałków mlecznej czekolady

INSTRUKCJE:

a) W dużej misce wymieszaj płatki zbożowe graham, mini pianki marshmallow, precle w czekoladzie i prażone orzeszki ziemne.
b) Rozpuść polewę waniliową CandiQuik zgodnie z instrukcją na opakowaniu.
c) Wlać roztopioną polewę waniliową na mieszankę przekąsek, delikatnie mieszając, aby ją pokryć.
d) Dodać kawałki mlecznej czekolady i dobrze wymieszać.
e) Rozłóż mieszaninę na blaszce wyłożonej papierem pergaminowym, aby ostygła i stężała.
f) Po zastygnięciu podziel na grona i ciesz się tą pyszną mieszanką przekąsek inspirowaną s'mores.

95. CandiQuik Imprezowa mieszanka z białą czekoladą

SKŁADNIKI:

- 3 szklanki płatków ryżowych w kwadracie
- 2 szklanki precli
- 1 szklanka suszonej żurawiny
- 1 szklanka migdałów, całych lub pokrojonych w plasterki
- 1 opakowanie polewy z białej czekolady CandiQuik
- 1 łyżeczka ekstraktu waniliowego

INSTRUKCJE:

a) W dużej misce wymieszaj płatki ryżowe, precle, suszoną żurawinę i migdały.
b) Rozpuść polewę z białej czekolady CandiQuik zgodnie z instrukcją na opakowaniu.
c) Dodaj ekstrakt waniliowy do roztopionej białej czekolady.
d) Wlać roztopioną mieszaninę białej czekolady na mieszankę przekąsek, delikatnie mieszając, aby ją pokryć.
e) Rozłóż mieszaninę na blaszce wyłożonej papierem pergaminowym, aby ostygła i stężała.
f) Po zastygnięciu podziel na grona i ciesz się tą słodką i chrupiącą mieszanką imprezową z białą czekoladą.

PRZYKŁADY ŚWIĄTECZNE I UROCZYSTOŚCIOWE

96. CandiQuik Halloweenowe wykaszarki do babeczek

SKŁADNIKI:
- Babeczki
- 1 opakowanie (16 uncji) CandiQuik Candy Coating
- Posypki lub dekoracje o tematyce Halloween

INSTRUKCJE:
a) Rozpuść Candy Coating CandiQuik zgodnie z instrukcją na opakowaniu.
b) Zanurz wierzch babeczek w roztopionym CandiQuiku, tworząc gładką powłokę.
c) Udekoruj posypką lub dekoracjami z motywem Halloween.
d) Przed podaniem pozwól polewie stwardnieć.

97. Czapki dyplomowe CandiQuik

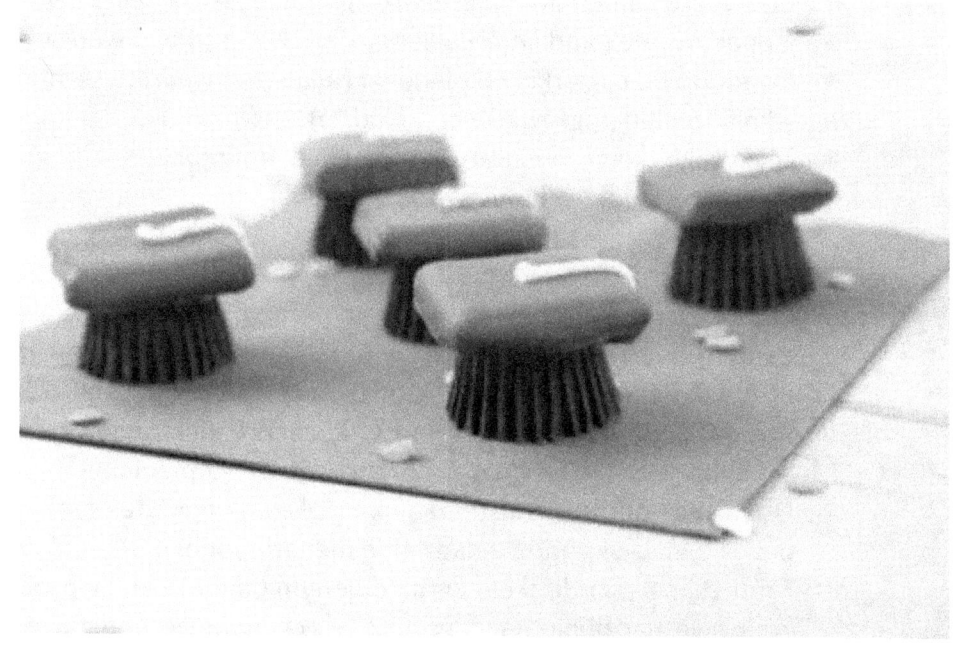

SKŁADNIKI:
- Ciasteczka kanapkowe w czekoladzie (takie jak ciasteczka Oreo)
- 1 opakowanie CandiQuik (lakier cukierkowy o smaku waniliowym)
- Kwadratowe cukierki czekoladowe (takie jak kwadraty karmelowe w czekoladzie lub miętówki w czekoladzie)
- Małe cukierkowe kwadraty (opcjonalnie, do frędzli)
- Pałeczki do lizaków lub patyczki do ciastek

INSTRUKCJE:
a) Blachę do pieczenia wyłóż papierem pergaminowym.
b) CandiQuik połam na kawałki i umieść w żaroodpornej misce. Rozpuść CandiQuik zgodnie z instrukcją na opakowaniu. Zwykle polega to na podgrzewaniu go w kuchence mikrofalowej w 30-sekundowych odstępach, aż do całkowitego stopienia.
c) Ostrożnie oddziel ciasteczka kanapkowe pokryte czekoladą, pozostawiając kremowe nadzienie nienaruszone.
d) Zanurzaj patyczki lizaków w roztopionym CandiQuiku i wbijaj je w kremowe nadzienie każdego ciasteczka, tworząc podstawę pod podziałkę.
e) Zanurz całe ciasteczko w roztopionym CandiQuiku, upewniając się, że jest całkowicie pokryte. Pozwól, aby nadmiar powłoki CandiQuik spłynął.
f) Powlekane ciasteczka układamy na blasze wyłożonej papierem do pieczenia.
g) Gdy polewka CandiQuik jest jeszcze mokra, delikatnie wciśnij kwadratowy cukierek czekoladowy na środek każdego ciasteczka, aby utworzyć górną część miarki.
h) Opcjonalnie: jeśli masz małe kwadraty z cukierków, możesz użyć ich do stworzenia frędzli. Przymocuj mały kwadrat cukierka do boku kwadratowego cukierka czekoladowego z niewielką ilością roztopionego CandiQuik.
i) Pozwól, aby powłoka CandiQuik całkowicie stwardniała.
j) Po ustawieniu czapki dyplomowe są gotowe do spożycia!

98.Kubeczki do posypki patriotycznej CandiQuik

SKŁADNIKI:

- 1 opakowanie CandiQuik (lakier cukierkowy o smaku waniliowym)
- Czerwone, białe i niebieskie posypki
- Mini papilotki do babeczek
- Mini forma do babeczek

INSTRUKCJE:

a) Formę do mini babeczek wyłóż papilotkami.
b) CandiQuik połam na kawałki i umieść w żaroodpornej misce. Rozpuść CandiQuik zgodnie z instrukcją na opakowaniu. Zwykle polega to na podgrzewaniu go w kuchence mikrofalowej w 30-sekundowych odstępach, aż do całkowitego stopienia.
c) Gdy CandiQuik się rozpuści, nałóż niewielką ilość na każdą papilotkę do mini babeczek, wypełniając ją do około jednej trzeciej wysokości.
d) Każdą filiżankę posyp roztopionym CandiQuik czerwoną, białą i niebieską posypką. Możesz mieszać kolory lub stworzyć efekt warstwowy z różnymi kolorami.
e) Dodaj kolejną warstwę roztopionego CandiQuik na posypkę, wypełniając papilotkę do około dwóch trzecich wysokości.
f) Posyp drugą warstwą roztopionego CandiQuik większą ilością czerwonej, białej i niebieskiej posypki.
g) Dodaj ostatnią warstwę roztopionego CandiQuik, aby wypełnić papilotkę prawie do samej góry.
h) Za pomocą wykałaczki lub szpikulca delikatnie połącz ze sobą warstwy, tworząc efekt marmurkowy lub wirowy.
i) Dodaj dodatkową posypkę na wierzch dla dekoracji.
j) Poczekaj, aż CandiQuik ostygnie i całkowicie stwardnieje.
k) Po ustawieniu kubki z posypką patriotyczną są gotowe do spożycia!

99. Wielkanocne gniazda makaroników kokosowych

SKŁADNIKI:

- 3 szklanki słodzonych wiórków kokosowych
- ¾ szklanki słodzonego skondensowanego mleka
- 1 łyżeczka ekstraktu waniliowego
- ¼ łyżeczki soli
- 1 opakowanie CandiQuik (lakier cukierkowy o smaku waniliowym)
- Mini czekoladowe jajka lub żelki (do wypełnienia gniazda)
- Zielony barwnik spożywczy (opcjonalnie, do barwienia kokosa)

INSTRUKCJE:

a) Rozgrzej piekarnik do 163°C (325°F). Blachę do pieczenia wyłóż papierem pergaminowym.
b) W dużej misce połącz wiórki kokosowe, słodzone mleko skondensowane, ekstrakt waniliowy i sól. Mieszaj, aż dobrze się połączą.
c) W razie potrzeby dodaj kilka kropli zielonego barwnika spożywczego, aby zabarwić mieszankę kokosową i nadać jej wygląd przypominający trawę. Mieszaj, aż kolor zostanie równomiernie rozprowadzony.
d) Łyżką do ciastek lub rękami uformuj małe kopczyki z masy kokosowej i umieść je na przygotowanej blasze do pieczenia, tworząc kształty gniazd z wgłębieniem pośrodku.
e) Piec w nagrzanym piekarniku przez 12-15 minut lub do momentu, aż krawędzie będą złotobrązowe.
f) Pozwól kokosom ostygnąć na blasze do pieczenia.
g) CandiQuik połam na kawałki i umieść w żaroodpornej misce. Rozpuść CandiQuik zgodnie z instrukcją na opakowaniu. Zwykle polega to na podgrzewaniu go w kuchence mikrofalowej w 30-sekundowych odstępach, aż do całkowitego stopienia.
h) Nałóż niewielką ilość roztopionego CandiQuik na środek każdego gniazda kokosowego, aby utworzyć podstawę.
i) Umieść mini czekoladowe jajka lub żelki na środku każdego gniazda, delikatnie wciskając je w roztopiony CandiQuik.
j) Pozwól, aby powłoka CandiQuik całkowicie stwardniała.
k) Po ustawieniu Twoje wielkanocne gniazda makaroników kokosowych są gotowe do spożycia!

100. CandiQuik Choinkowe Przysmaki Ryżowe Krispie

SKŁADNIKI:
- 3 łyżki niesolonego masła
- 10 uncji pianek marshmallow
- Zielony barwnik spożywczy
- 6 szklanek ryżowych krispies
- Posypka
- 20 małych paluszków precli
- 1 opakowanie polewy czekoladowej CandiQuik

INSTRUKCJE:
a) Nasmaruj lub spryskaj patelnię o wymiarach 9 x 13 cali i odłóż na bok.
b) Na dużej patelni rozpuść masło i pianki marshmallow na średnim ogniu, ciągle mieszając. Gdy masa będzie już prawie gładka i roztopiona, dodawaj stopniowo zielony barwnik spożywczy, aż uzyskasz pożądany kolor drzewa.
c) Gdy masa będzie już całkowicie gładka i idealnie zielona, zdejmij z ognia i dodaj ryżowe krispies. Kontynuuj mieszanie, aż całe płatki zostaną pokryte.
d) Równomiernie wciśnij masę do przygotowanej formy (możesz to zrobić natłuszczoną ręką lub kawałkiem woskowanego papieru).
e) Rozpuść polewę czekoladową CandiQuik zgodnie z instrukcją na opakowaniu.
f) Jedno nacięcie przecinamy na środku patelni (na dłuższej długości). Następnie pokrój każdy z tych rzędów w trójkąty (powinny zostać 4 skrawki, po jednym z każdej strony każdego rzędu).
g) Gdy mieszanka Rice Krispie jest jeszcze ciepła, użyj roztopionego CandiQuik i posyp wierzch każdego smakołyku w kształcie drzewa, aby uzyskać czekoladowy kontur.
h) Natychmiast posyp posypką o tematyce świątecznej, aby dodać świątecznego akcentu.
i) Umieść mały precel na dole każdego drzewa, tak aby przypominał pień.
j) Pozostaw smakołyki do ostygnięcia na co najmniej 30 minut, aby powłoka CandiQuik stwardniała.

WNIOSEK

Mam nadzieję, że dobiegamy końca naszej słodkiej podróży po świecie słodyczy CandiQuik i odkrywanie nieskończonych możliwości polewania cukierków sprawiło Ci przyjemność. Od klasycznych smakołyków po współczesne arcydzieła, „NIEZBĘDNA KSIĄŻKA KUCHENNA CANDIQUIK" dostarczyła mnóstwa inspiracji, które pomogą Ci ulepszyć zabawę w desery.

Kontynuując swoje kulinarne przygody pamiętajcie, że magia CandiQuik nie zna granic. Niezależnie od tego, czy przygotowujesz domowe prezenty, organizujesz przyjęcie z deserem, czy po prostu delektujesz się słodką rozkoszą, CandiQuik to Twoja tajna broń do tworzenia niezapomnianych i pysznych słodyczy.

Dziękuję, że dołączyłeś do mnie w tej rozkosznej podróży. Niech Twoje smakołyki zawsze będą słodkie, Twoje dzieła zawsze inspirują, a Twoja kuchnia zawsze będzie pełna radości. Dopóki się ponownie nie spotkamy, miłego pieczenia!

www.ingramcontent.com/pod-product-compliance
Lightning Source LLC
Chambersburg PA
CBHW071312110526
44591CB00010B/872